心一堂術數古籍珍本叢刊

書名：蔣大鴻嫡傳水龍經注解 附 虛白廬藏珍本水龍經四種（八）

系列：心一堂術數古籍珍本叢刊 第二輯 堪輿類 蔣徒張仲馨三元真傳系列 194

作者：【清】蔣大鴻編訂、【清】楊臥雲、汪云吾、劉樂山註

主編、責任編輯：陳劍聰

心一堂術數古籍珍本叢刊編校小組：陳劍聰 素聞 梁松盛 鄒偉才 虛白廬主

出版：心一堂有限公司

地址/門市：香港九龍旺角西洋菜南街五號好望角大廈一○○三室

電話號碼：+852-6715-0840 +852-6633-7949

網址：sunyata.cc

電郵：sunyatabook@gmail.com

網上書店：http://book.sunyata.cc

網上論壇：http://bbs.sunyata.cc/

版次：二零一七年七月初版

平裝：十冊不分售

國際書號：ISBN 978-988-8317-46-2

定價： 港幣 二千八百元正
　　　 新台幣 一萬零八百元正

版權所有 翻印必究

香港及海外發行：香港聯合書刊物流有限公司

地址：香港新界大埔汀麗路三十六號中華商務印刷大廈三樓

電話號碼：+852-2150-2100

傳真號碼：+852-2407-3062

電郵：info@suplogistics.com.hk

台灣發行：秀威資訊科技股份有限公司

地址：台灣台北市內湖區瑞光路七十六巷六十五號一樓

電話號碼：+886-2-2796-3638

傳真號碼：+886-2-2796-1377

網絡書店：www.bodbooks.com.tw

台灣讀者服務中心：國家書店

地址：台灣台北市中山區松江路二○九號一樓

電話號碼：+886-2-2518-0207

傳真號碼：+886-2-2518-0778

網絡書店：http://www.govbooks.com.tw/

中國大陸發行·零售：心一堂書店

深圳地址：中國深圳羅湖立新路六號東門博雅負一層零零八號

電話號碼：+86-755-8222-4934

北京地址：中國北京東城區雍和宮大街四十號

心一店淘寶網：http://sunyatacc.taobao.com

地理之書真偽雜糅、山龍猶有善本、平洋隻字不傳、世本紛紛類皆不知妄作、俗士罔察謬以高山龍法、與平地同論遂使安墳立宅盡失其宜、中格合符百無一遇、固天機之秘惜亦俗術之誤人顧此茫茫可勝悲悗、亠自得無極真傳洞悉高山平地陰陽二宅秘旨、曾有水龍經一書藏之名山未敢輕洩人世、庚子春偕吾友余曉宗過同郡鄒子所客有以水龍經一卷見示與予所藏大同小異披覽之餘深嘆二百

年絕學竟有從推測中得其梗槩者、是書不知何人
所著考其年次應在萬歷中年、大抵江湖術士歷覽
已成之蹟不拘牽於俗論而自抒其所見有如此雖
猶未究精微之蘊然亦可謂絕倫敏妙之才矣其亦
有所傳授以及此乎特未識三元九宮秘要其所見
成敗興亡皆中元甲子格局而論列方隅體勢尚不
無偏曲厖雜之譏予故刪其訛失存其合道者若干
篇綴子所藏定本之末與第三卷圖例互相參考雖
間有重複而層見叠陳益以証大同之旨庶幾作者

之初懷不沒而學者亦可以廣其義類焉爾杜陵中

陽子蔣平階大鴻氏手訂并題、

原書總論

人稟天地之氣而生乃生者不能不死故生必有宅死

必有墳若宅墳俱吉則人鬼皆安則家道興隆鬼

安則子孫昌盛是以人當擇地而居尤當擇地而葬彼

夫富貴悠久之家必有祖塋蔭注祖宗者根荄也子孫

者枝齒也根藏肥美之地而枝葉茂盛根居瘠薄之地、

而枝葉焦枯者其常理也然而擇地之道實不易言四

方風土不同形勢各異、或在山谷或在下洋以至石間
水底作穴亦種種不類葬書云水底必須巨眼石間務
得明師以此論之寔為微妙夫相地要察來龍點穴必
迎真脈岡阜水道皆龍脈也宜迢迢而來如轉龍換骨、
移花接木之意所謂枝幹也葬書又曰得水為上藏風
次之乃為結穴之地陶公曰雌雄相喜天地交通故水
不離山山不離水推形納穴隨類而定須得九星臨照、
宜逢三吉仍避六凶又要環抱宛轉兩脇寬容方正立
向收水必合星朴水口以關鎖而入格朝堂後砂法而

有情、方爲吉地經云地貴平而土貴支、故平洋之地亦

支脈相牽不離山水也試觀平洋之地池河田土前無

山龍後無支脈立宅安墳、旣無龍脈之來又無星峯之

應旣無龍虎護衛、外無印案朝迎坐向不辨五星水路反

何分八卦然而一得其地往往富貴非常平洋形局反

勝於岡阜者、何也先賢云有山傷山無山傷城有水就

水無水依形蓋平洋以水爲龍水積如山脈之往水流

如山脈之動水流則氣脈分飛水積則氣脈攢聚大河

類幹龍之形小河乃支龍之體後有河兜便是榮華之

宅、前逢池沼知爲富貴之家、左右環抱有情堆金積玉、

前後縈迴無破紓紫拖朱地欲水之生情喜其旋繞朝

穴、水乃龍之引脈忌乎沖射反弓最嫌激割牽消多憂

少樂尤怕斜飛遍捯不久而貧或水路前朝而立宅或

田圲後掩以安墳皆所不取總之地理必須研究陰陽、

貴在專精若積陰功、天必護佑福輕者難迎明師福厚

者自逢吉地盡人事以待天心其必由斯道也因集成

是書以示後之學者、

水龍尋脈歌

地理真傳世罕逢、陰陽之術妙難窮、尋龍捉脈觀山水、

岡阜平洋總是同、平洋之地水爲龍、四畔茫茫莫認踪、

若使明師精妙理、追尋源脈辨雌雄、水龍妙法少人知、

愼勿輕傳與俗師、不是虛衷能識變、按圖索驥總成癡、

水來元武是龍身、定穴君須看水形、積聚自然成結構、

分流氣散穴非眞、大水縈迴是幹龍、小河支水喜相逢、

幹龍氣盡難安穴、穴點支龍福自崇、元武之地有湖池、

宅臨前面福相隨、安墳作穴如逢此、積玉堆金賜錦衣、

湖池兜水不通流、水若通時氣不留、如見田圩關水口、

兒孫富貴永無休、江河龍脈氣歸灣、印案明砂仔細象、

若是局中無破綻兒孫衣錦侍朝班流泉水勢似刀槍、

射脇沖心不可當尖利田圩爲絕地殺傷官訟退田庄、

後水來龍似反弓兒孫悖逆各西東葬埋遇此無情水、

退盡田園守困窮水要彎環莫直流徑來竟去是爲凶、

更兼四畔無遮掩浪打風吹最可愛十字水形無後前、

井字廿字總一般眾人萃處方爲吉一室孤栖不可安、

水勢灣環轉抱身行龍眞氣此中存如逢去路多屈曲、

下後兒孫作貴臣、

金星城格

水城化出五星名

尤取金城最吉星

不論支流并幹水

無分池沼與溝汀

左圍右抱皆堪喜

後荷前朝並可親

若得此形爲穴體

管教福至禍無侵

大鴻補圖并題

金星凶格

金星如爪外

家退田園敗

墓同

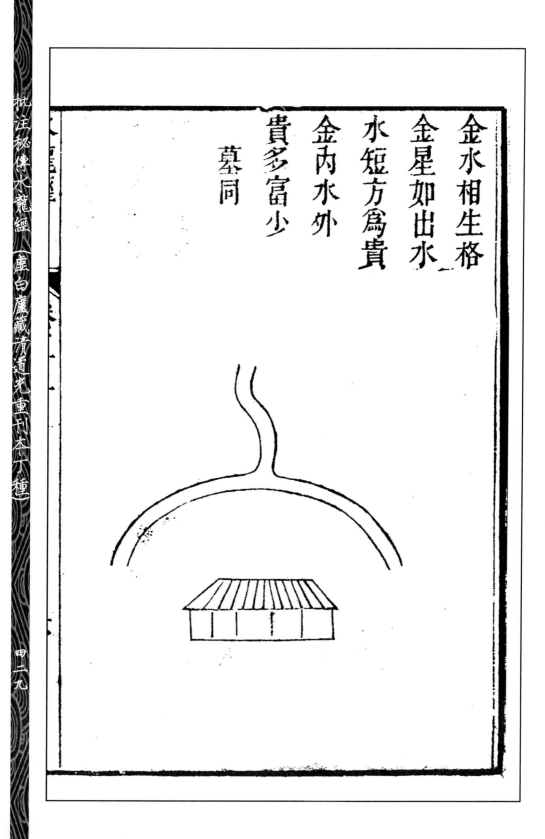

金水相生格

金星如出水

水短方爲貴

金內水外

貴多富少

墓同

金水泛溢格

金水太縱橫

泛溢起風聲

穴中多漏氣

屢損少年人

富貴雖堪取

無端家自傾

不如爲寺觀

香火滿門庭

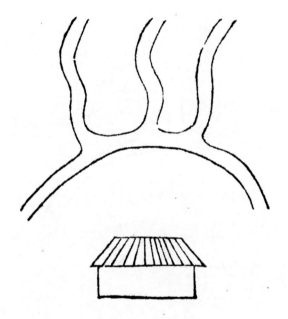

水撞金城格

城垣之水外來冲

縱然秀麗也為凶

中左右冲皆絕嗣

忤逆淫邪死獄中

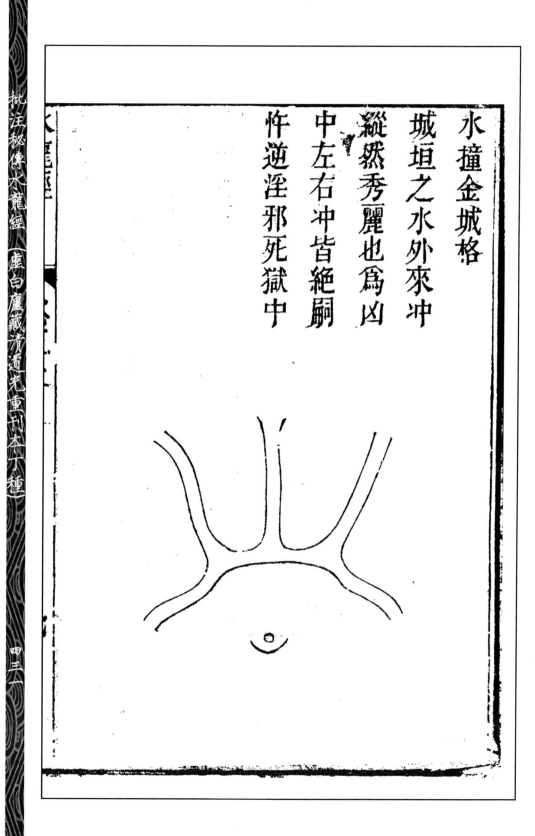

火尅金城格

斜火撞金城

火盜并軍刑

金星遇火壓

家敗人丁滅

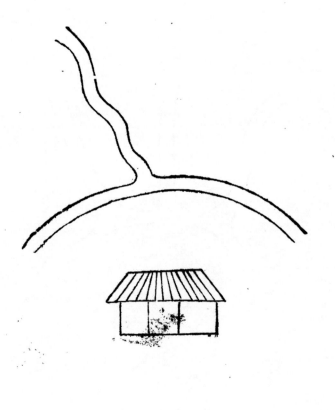

重金格

金星一抱已堪誇

兩水重重福祿奢

遶身貼體方爲貴

遠照遙臨氣脈賒

重金格

三金如品列

別粟常添入

外水反弓㐲

長幼禍來侵

左長房右小房

墓同

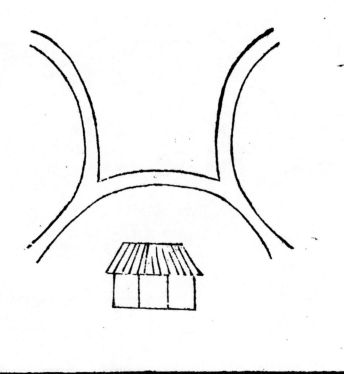

水星城格

水城原是太陰精

內外相符是吉星

財祿豐盈人秀酒

翰林魁解廣文名

水城又見水星來

福祿綿綿有異才

再得金星抱雨畔

官高爵顯列烏臺　宅同

文星格

水如錦浪號文星

明是龍身委曲形

蓋世文章從此出

詞林鼎甲美聲稱

宅同

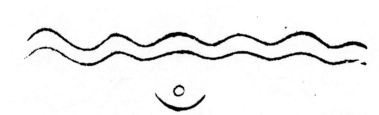

水內木外格

木星逢水乞

錢穀自豐盈

設或木頭長

須囚少年人

水內木外

發中有敗

宅同

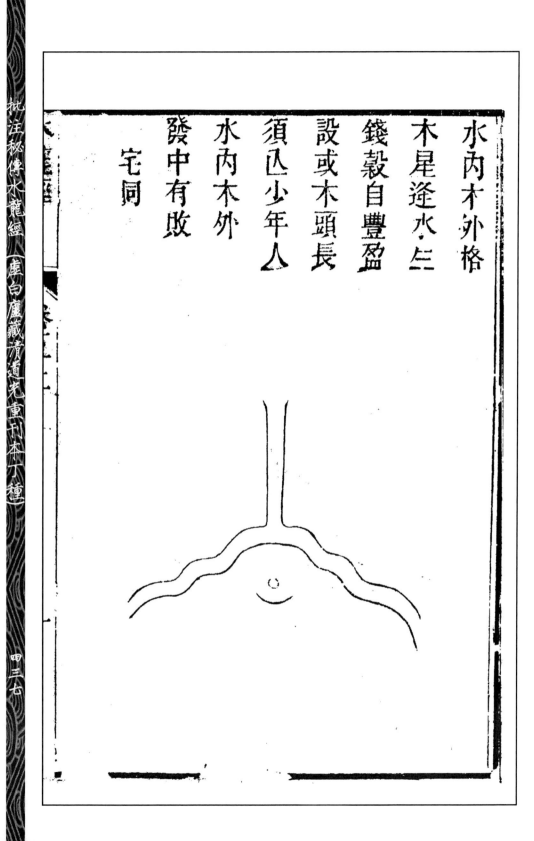

小木交流格

小星硬木兩交流

一家興旺一家休

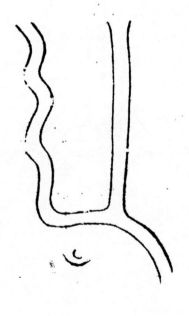

水火相射枒

水火若相形

瘟災火訟興

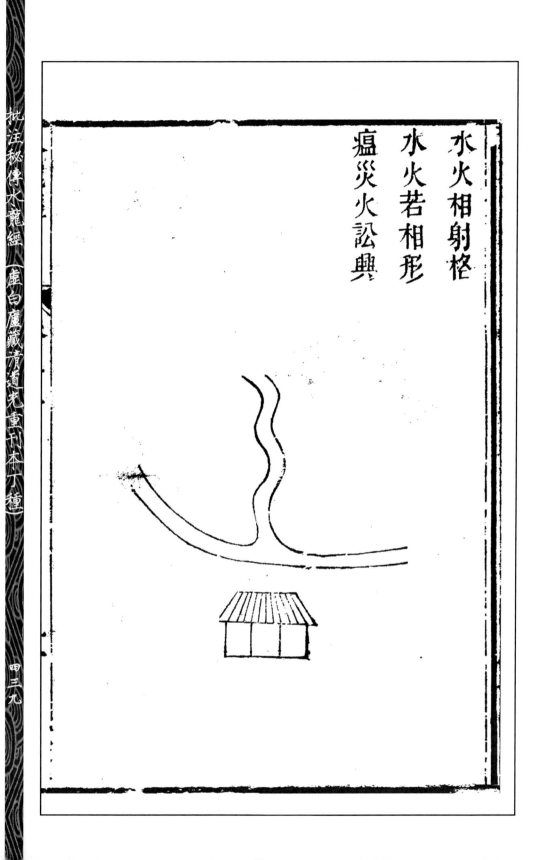

土星城格

土星如曲轉

發貴增田產

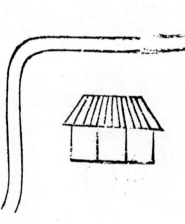

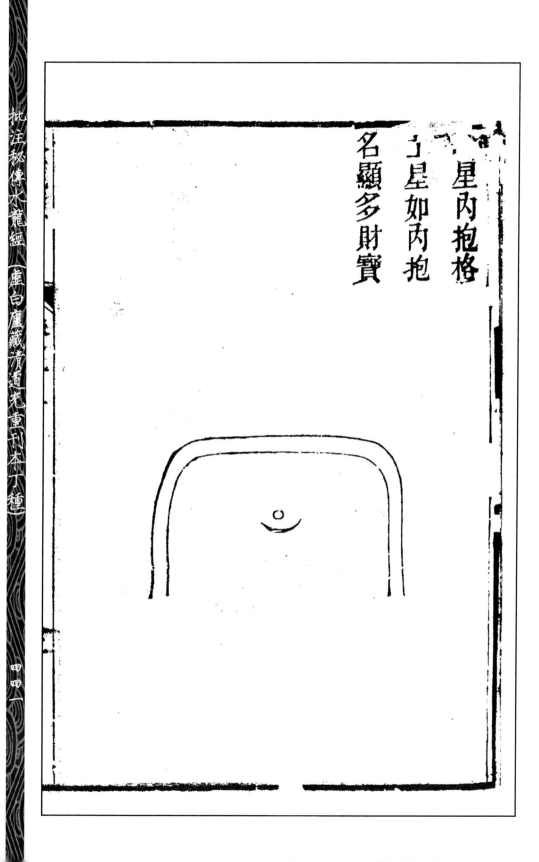

星内抱格

ㄅ星如内抱

名顯多財寶

重土格

兩土面前橫

定生豪富人

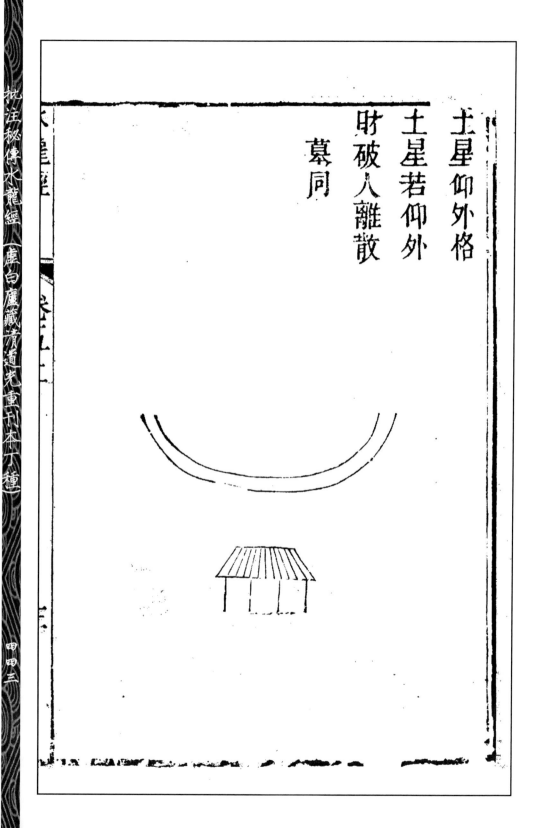

土星仰外格

土星若仰外

財破人離散

墓同

反土格
同上
亡同

橫直水格

橫水直水

總是無情

休言富貴

更主佗仵

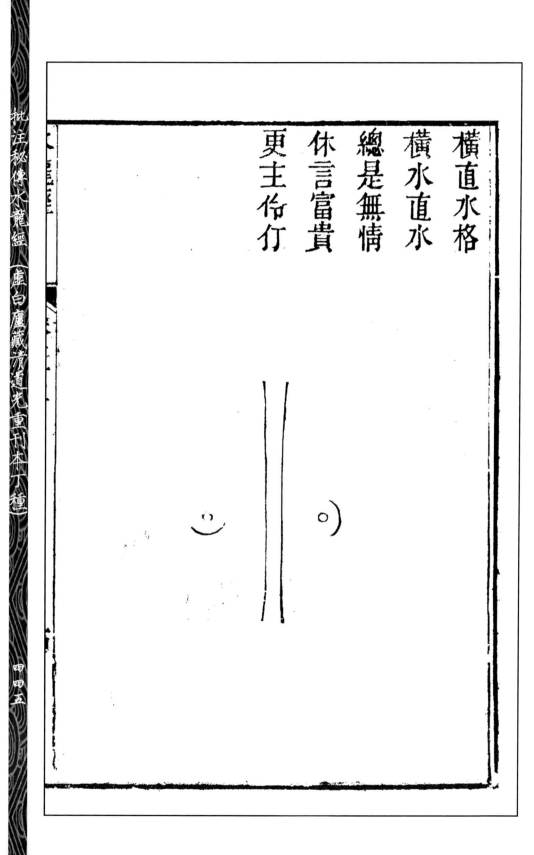

順逆水格

逆水順水

官非碌碌

客死離鄉

退散錢穀

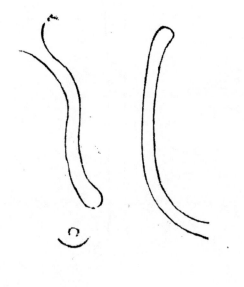

火星不喜穴前朝

立宅逢之怕火燒

直走斜飛招訟事

田園退散徊嘵嘵

火星斜動最非宜

刦盜瘟瘟更損妻

不有水朝來救助

人離財散各東西

二火焚身

風捲灰塵

宅如安此

貧困不宵

塋同

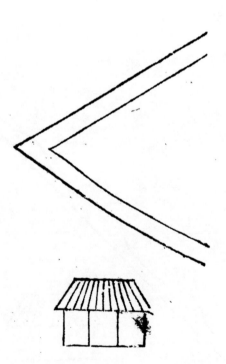

二火尅城格

二火燄燄長

日暮哭無糧

二火八字開

災迍日日來

墓同

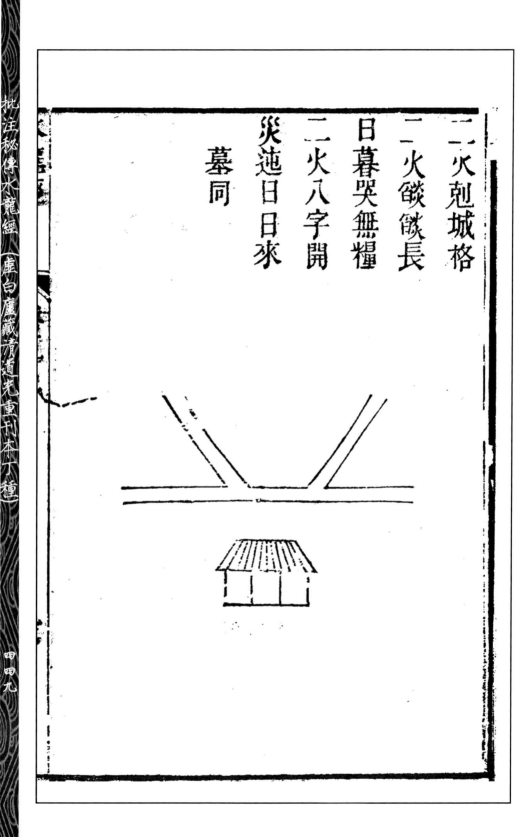

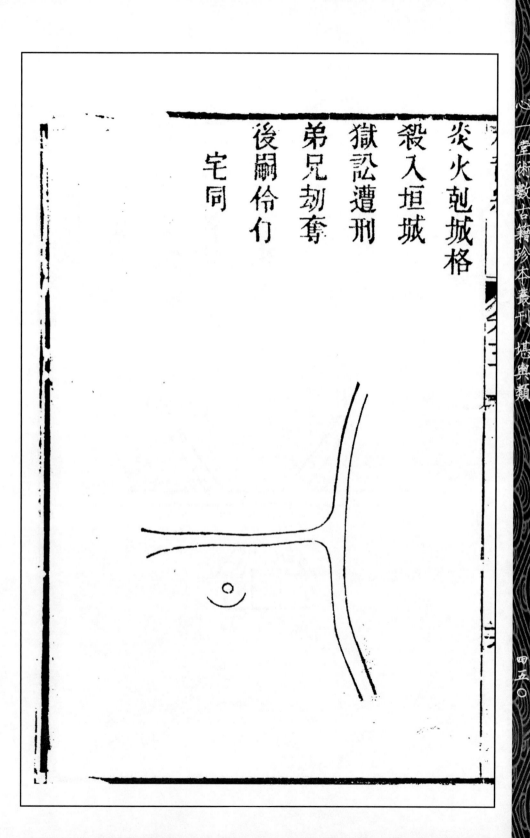

炎火剋城格
殺入垣城
獄訟遭刑
弟兄刼奪
後嗣伶仃
宅同

木城弊之一格

木土齿直來

家富足錢貝

左右同論

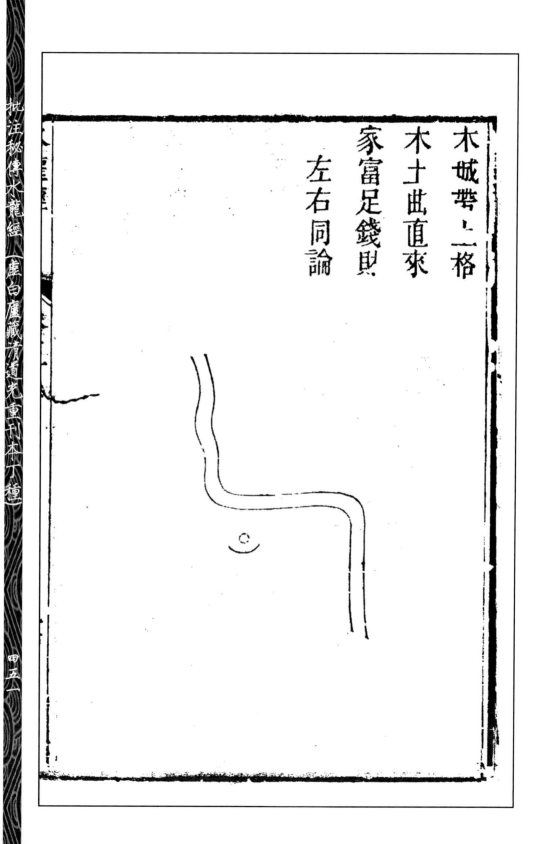

木剋土城格

木星兼帶土星來

土上安基方有財

若取木星爲貼體

剋剝相爭是禍胎

此處

立穴

財退

丁絕

水剋土城格

雨水不宜長

一土怕難當

眾木尅土格

三木尅一土

離鄉人客死

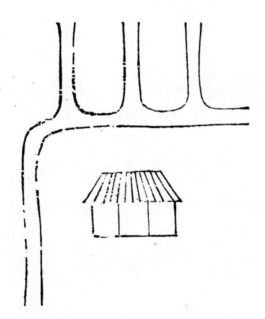

焱動火城格

焱動情形不可當

小流雖小訟須防

芣然城邑逢茲水

六十年中作戰場

蔣入鴻曰

此本水星

因其斜飛

卽作火論

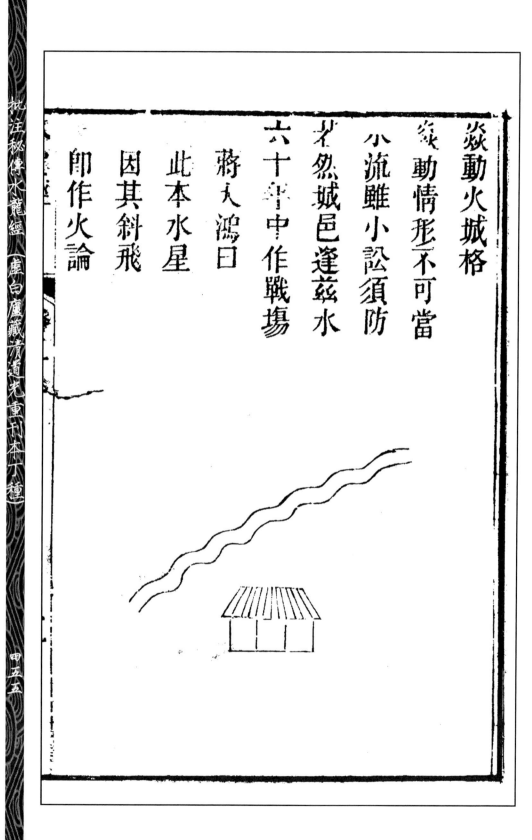

管教身貴廣田園

龍神灣抱澗門前

抱水城格

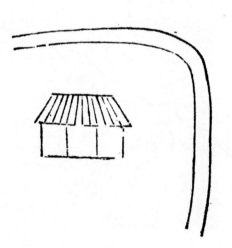

格同上

又名轉角水

束帶格

束帶水纒身

家中好積金

若然為家穴

後代可成名

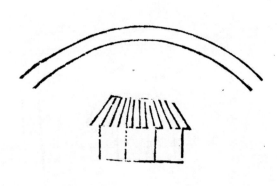

兜抱格

前後水環兜

富貴總無休

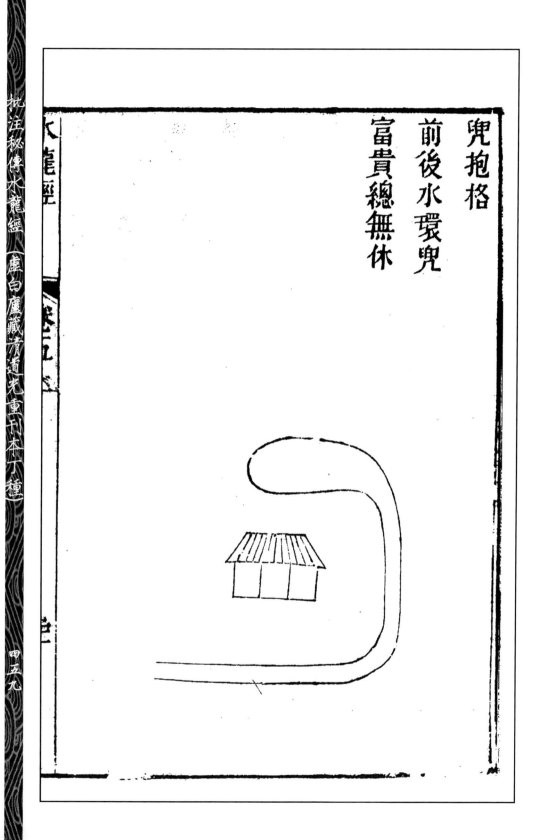

前水重抱格

此格前水

重抱屋後

雖無兜水

亦可富貴

經云發福

悠長定是

水纏元武

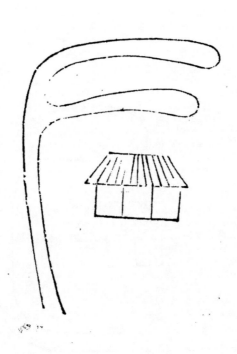

後抱格

兩水抱門前
家貲累萬千
若來兜屋後
富貴必雙全
水法細紊詳
無如後抱長
回頭看偃月
富貴足悠長

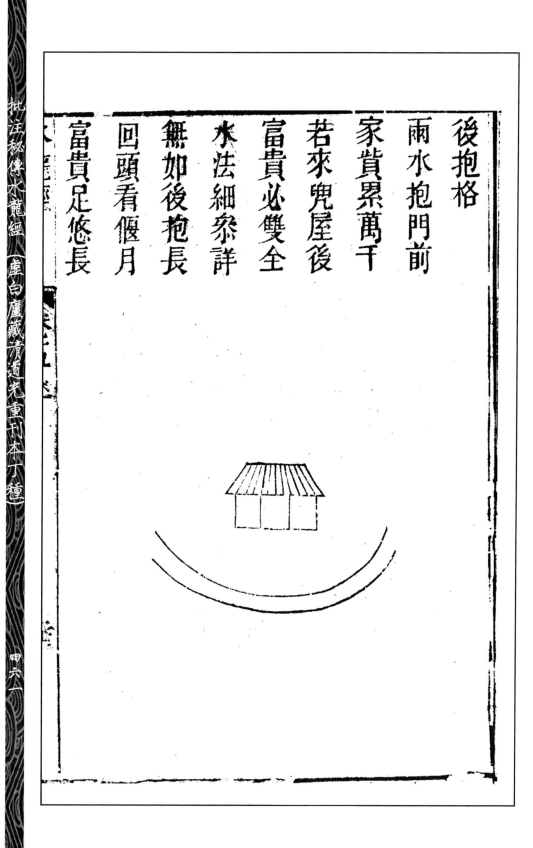

兩抱鍾氣格

枝水交來氣脈鍾

不拘宅墓總興隆

兩邊前後似金鉤

後嗣爲官知府州

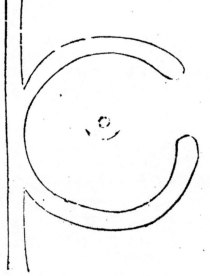

前抱後兜格

虎水雙環遶宅

壙宅富足金銀

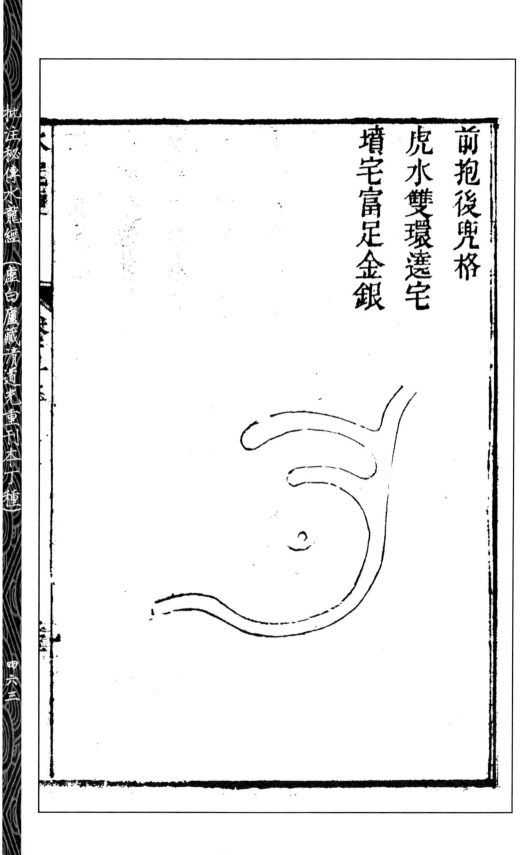

曲抱水城格

青龍水抱身

家富出官人

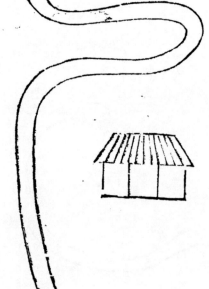

金水大抱格

一重路遠一重城

金水重重大抱形

更得四匊無別犯

榮華奕世有聲名

選抱格

水遶青龍身

長子足精神

宅同

池身格

　池身水一條

　池凸面前朝

　此間安宅墓

　卿相作延儔

　宅同

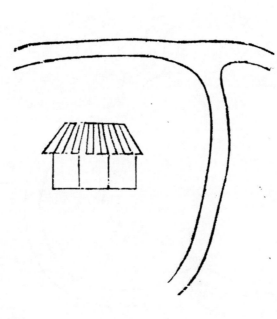

偏句微抱格

右虎長河帶裏收

安居樂業總無憂

口莫同

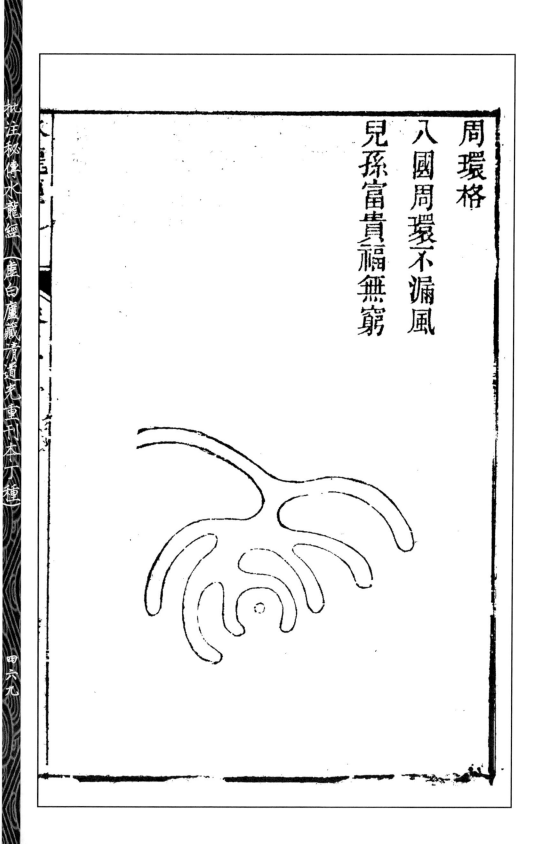

周環格

八國周環不漏風

兒孫富貴福無窮

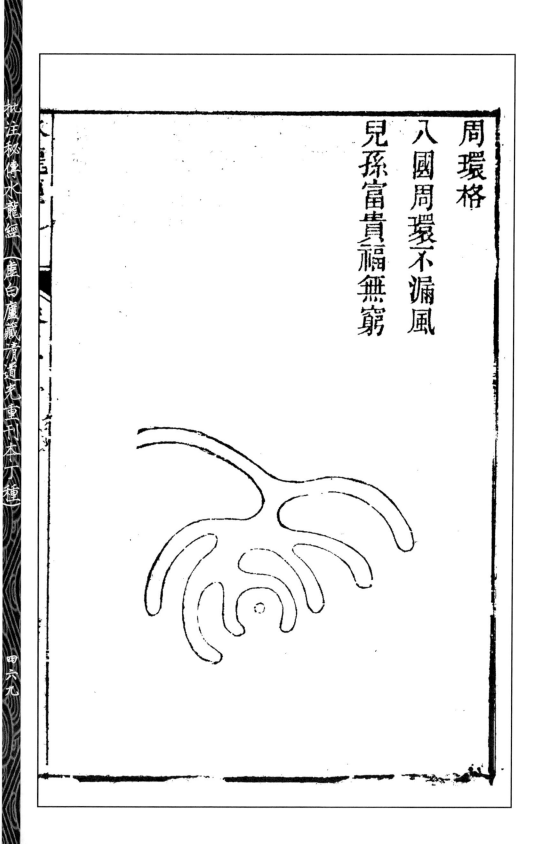

鉗水格

兩水合成鉗

無官且有錢

又名兩水合格

鉗水地格

水口似雙鉗

官高更有錢

大鴻曰此只論水

非以高地言也

裹頭城格

裹頭城裏若安墳

縱發終須絕子孫

穴太遍窄

更無餘氣

宅同

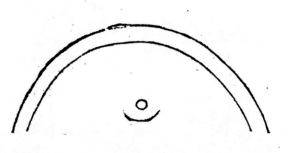

蔭腮水格

居中是漏胎

兩腮皆可穴

其名爲蔭腮

水雨分迴

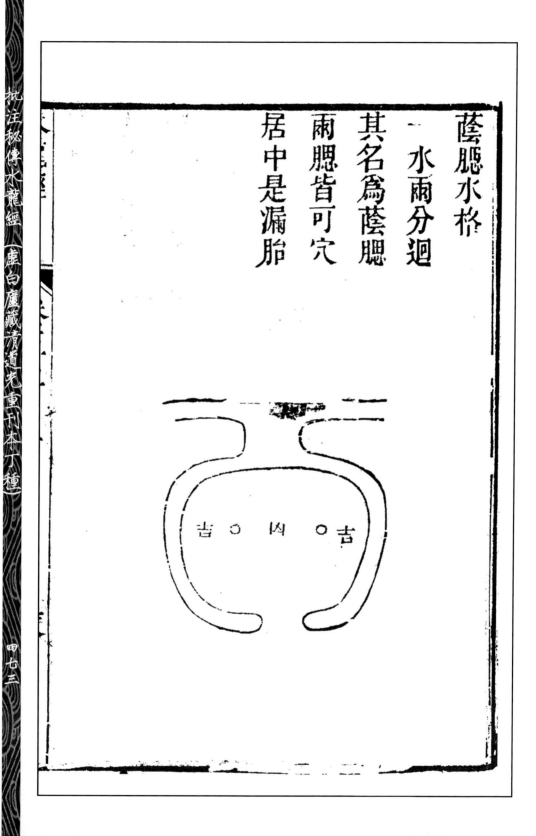

金鈎格

曲水似金鈎

富貴此中求

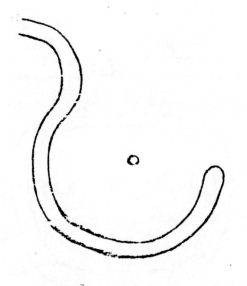

金鈎轉抱格

金鈎轉抱來

家富足錢財

此形如閙大

端的位三台

皆上上格

格同前

金鈎左遶宅

事業功名出

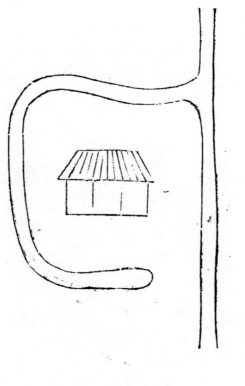

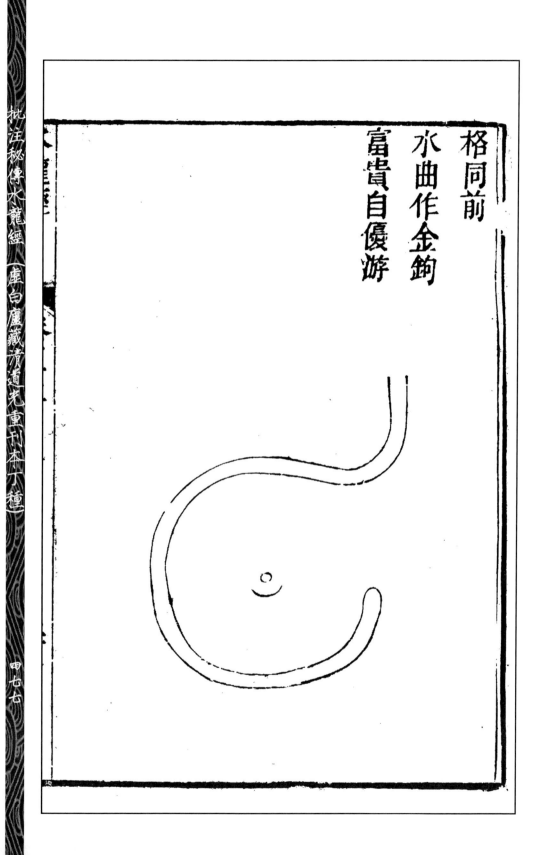

格同前
水曲作金鉤
富貴自優游

勾心水格

勾尖直射穴

此地作凶說

此勾直冲明

堂所以不吉

若向左鬼渦

又主富貴矣

宅同

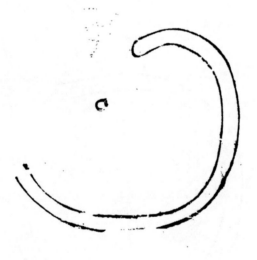

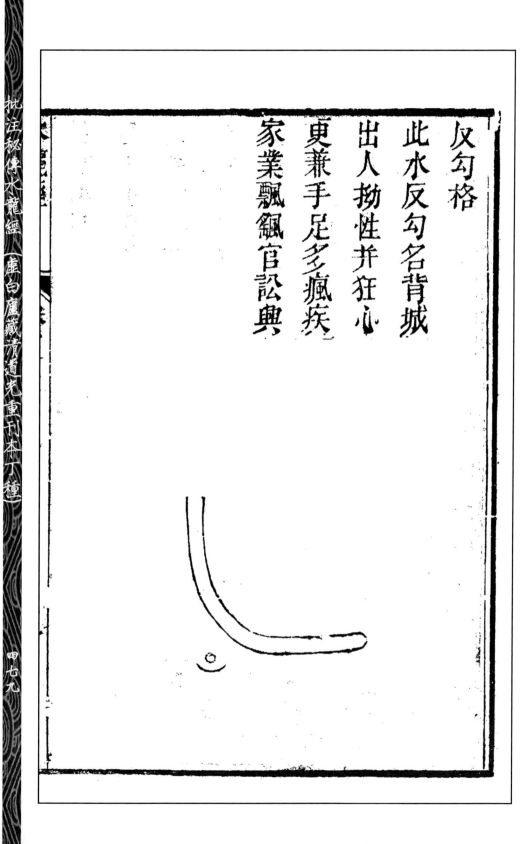

反勾格

此水反勾名背城

出人拗性并狂心

更兼手足多瘋疾

家業飄飄官訟興

乙字水格

乙字入懷流
回頭龍脈收
若能扦此穴
富貴不須求

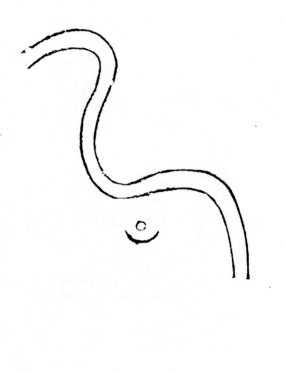

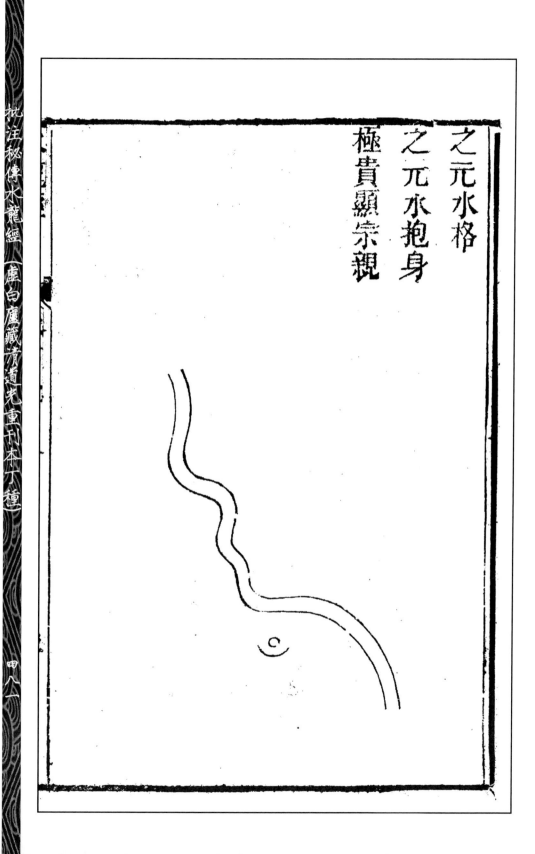

極貴顯宗親

之元水抱身

之元水格

之元水抱格

此水是眞龍

來去產王公

抱身主久貴

不抱也興隆

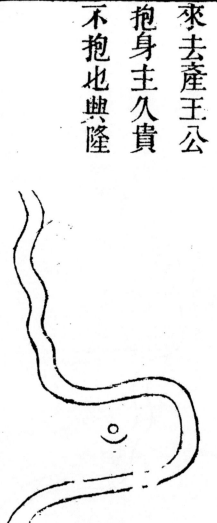

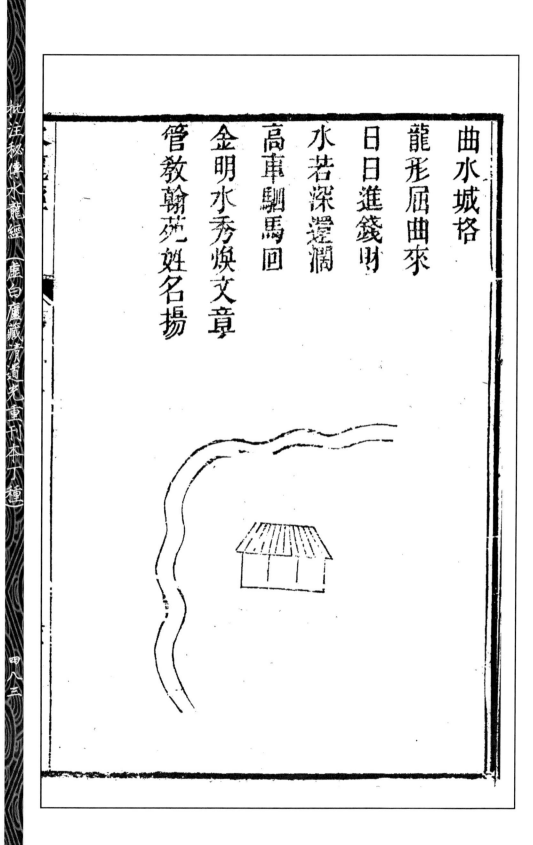

曲水城格

龍形屈曲來

日日進錢財

水若深邊澗

高車駟馬回

金明水秀煥文章

管教翰苑姓名揚

曲水環抱格

水曲似瓜藤

秀麗有文名

曲環成大局

世代簪橫玉

墓同

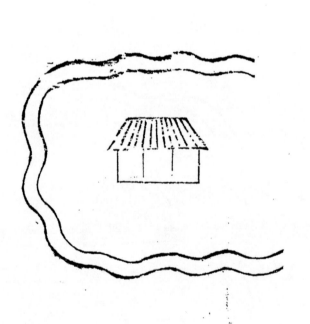

折水格

一折一龍居

一折兩龍樓

三折龍神旺

世世上雲梯、

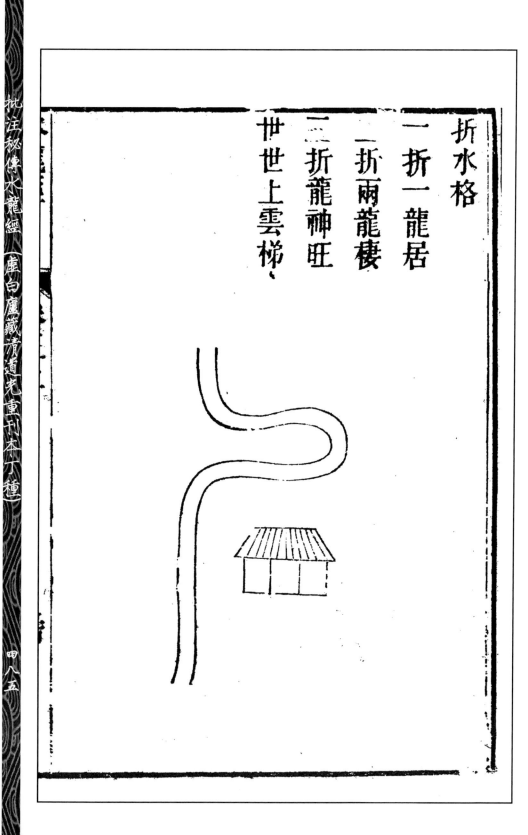

三折水格

續為翔鳳舞水前朝

九曲當心氣勢豪

縱少案砂攔水門

定然榮顯姓名高

一般當面水來冲

囗者為吉直為凶

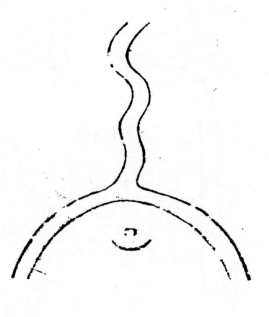

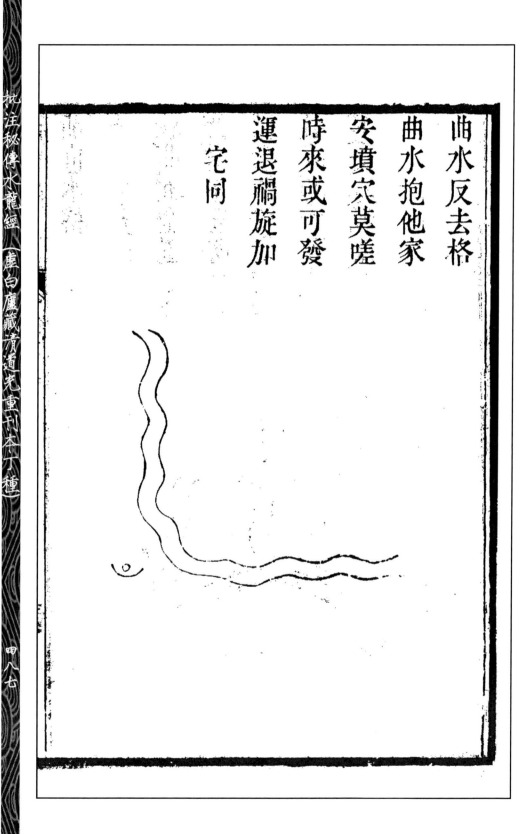

曲水反去格

曲水抱他家

安墳穴莫嗟

時來或可發

運退禍旋加

宅同

曲直水格

直水仍多曲

就曲堆金玉

凶吉不分明

就直家顛覆

墳前水冲穴

下後兒孫絕

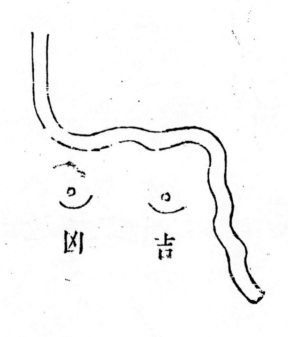

凶

吉

執笏格

勢如舉笏

王侯可得

迴龍格

向右後回頭

迴龍氣脈收

包藏無滲漏

發福永無休

水從東南來過

西抱家宅遷向

東北去者累代

富貴卿相不絕

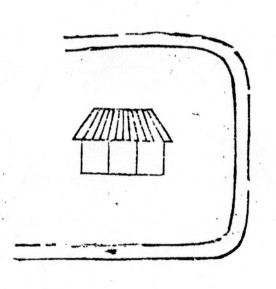

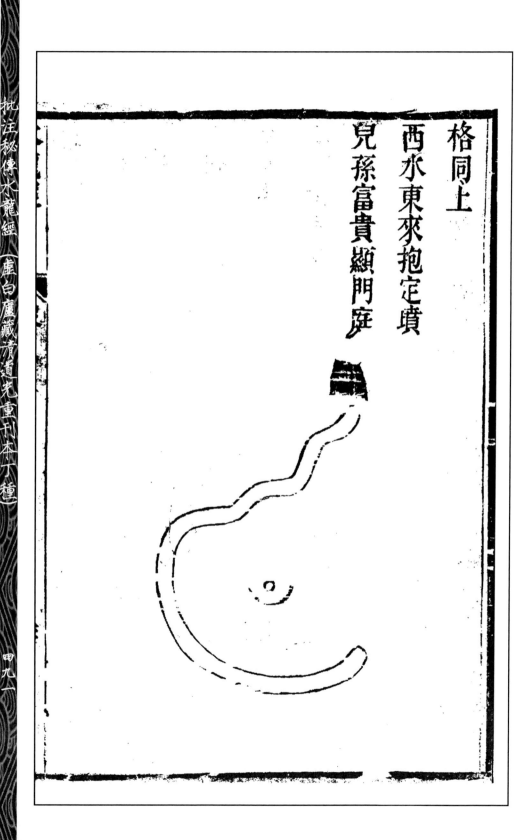

格同上

西水東來抱定墳

兒孫富貴顯門庭

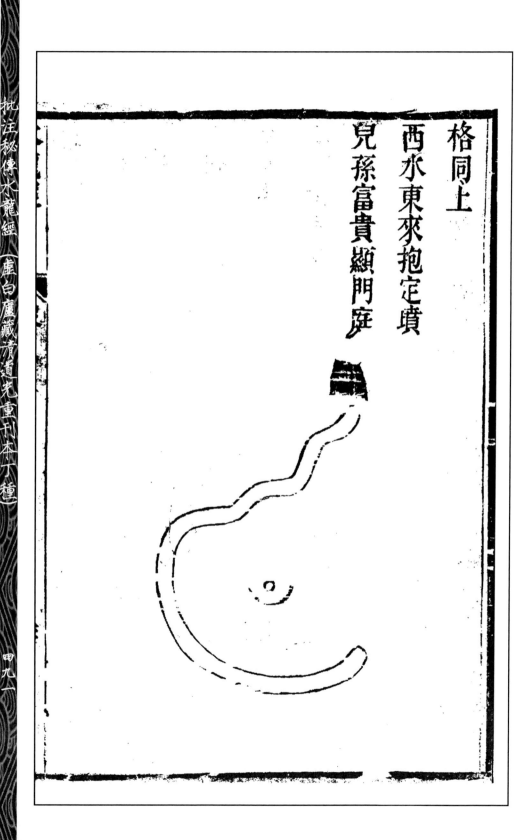

雙龍交首格

一水兩頭交

雙龍穴在腰

王侯并將相

裂上共分□

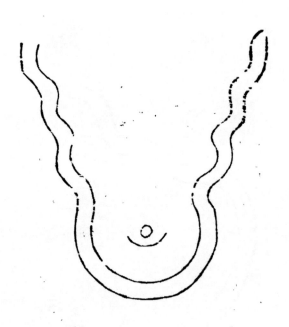

瓜藤水棺

一轉一重庫

金寶藏無數

白屋出公卿

榮宗兼耀祖

龍腹格

其人富貴食天祿

家住此中名龍腹

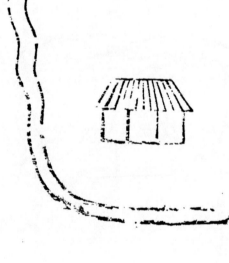

龍背格

家居曲外名龍背

貧窮絕嗣名乖戾

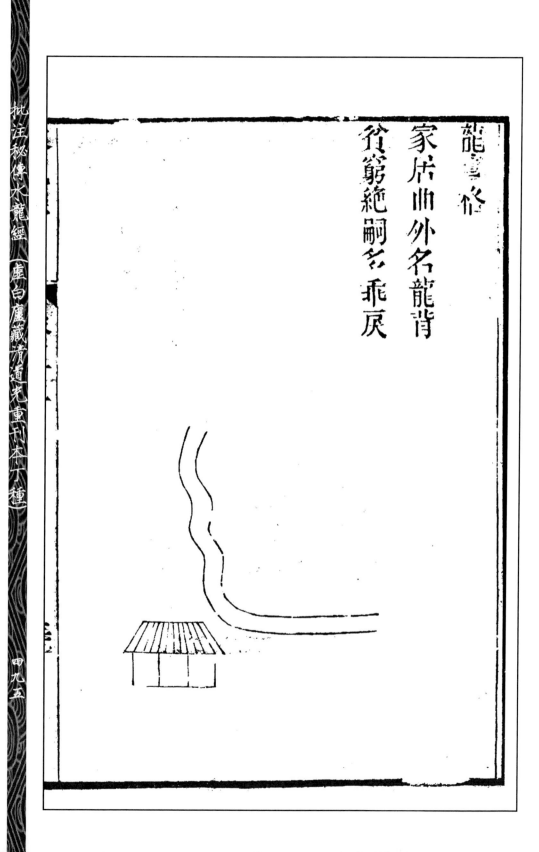

纏龍格

一 水灣環抱

此地多財寶

局大來如山

青雲不步早

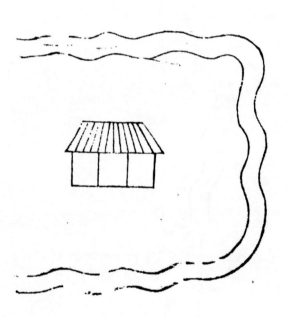

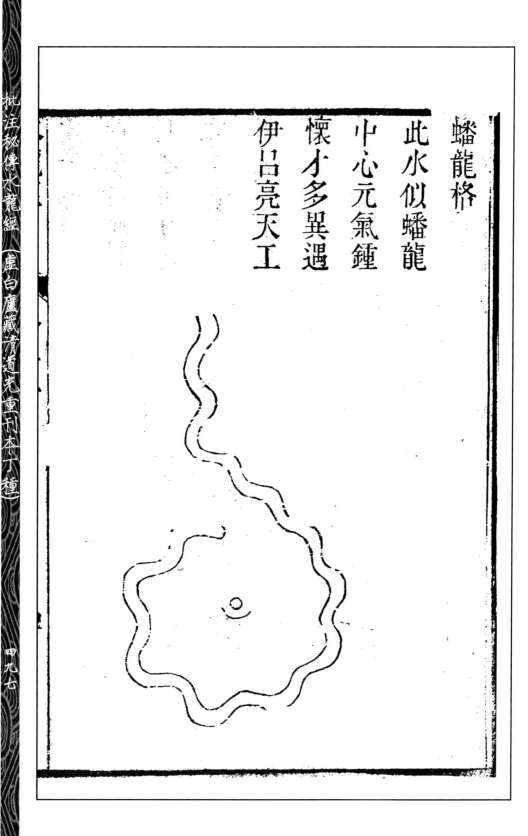

蟠龍格

此水似蟠龍

中心元氣鍾

懷才多異遇

伊呂亮天工

左飛龍格

曲水似飛龍

抱之富且榮

去流若轉抱

必定到三公

右飛龍同此

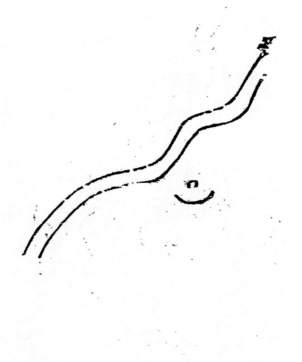

飛電格

水電最先發

怕冲并水割

門前如向此

富貴多尊者

雖然曲水

迎怕斜飛

門對斜瀧

子孫會偷

雙飛龍格

水似雙龍兩逐

爻子昆弟同榜

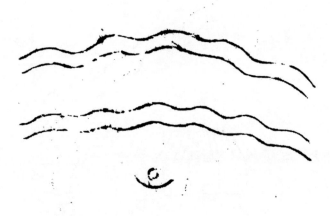

雌雄龍格

兩龍交肖似雌雄

官居極品福無窮

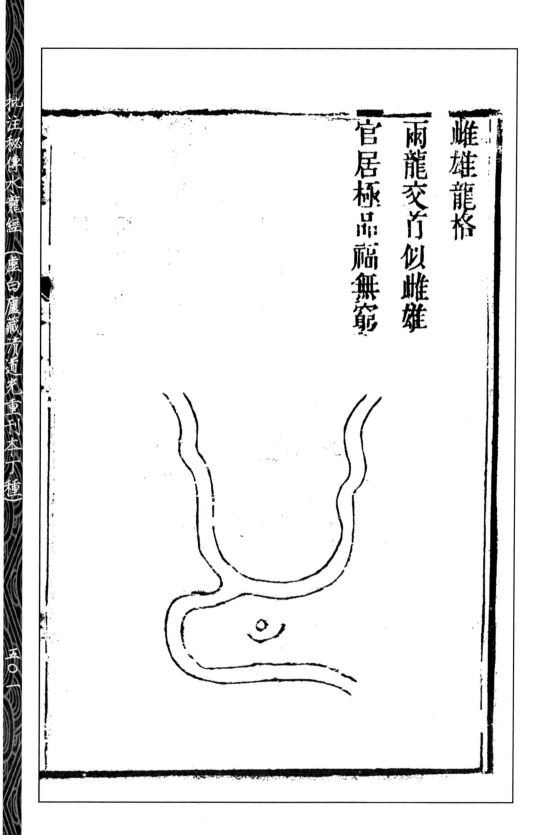

子母龍格

母龍蜿蜒作金湯

勺子成胎腹內藏

若點胎元多孕育

祖孫父子坐朝堂

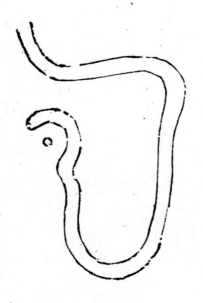

母龍抱水

二水相交

祖孫繼業

父子同朝

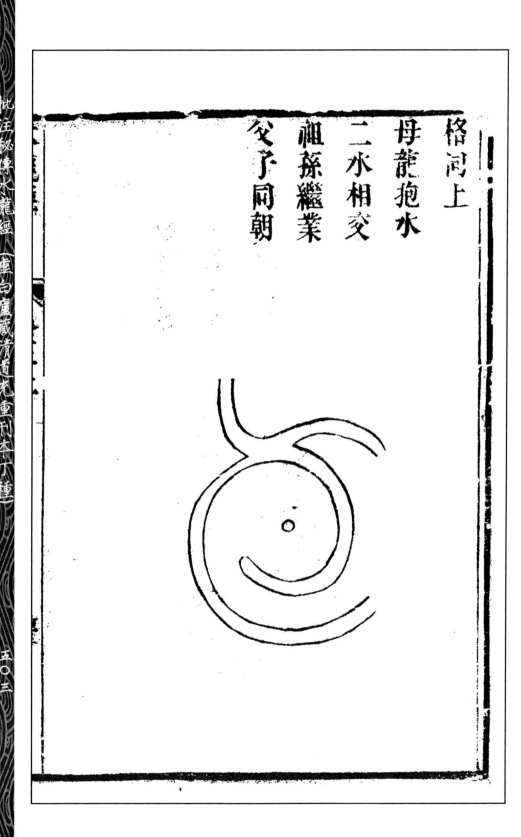

舞鳳格

羣流飛動入垣城

鳳舞鸞翔羽翮輕

葬得宂中真氣脈

不為僕客定公卿

宅同

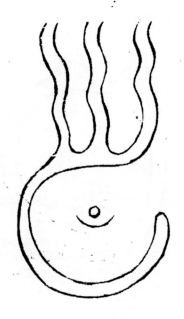

舞鳳蟠龍格

屈曲似三台

盤旋繞後來

兒孫登甲第

官顯列烏臺

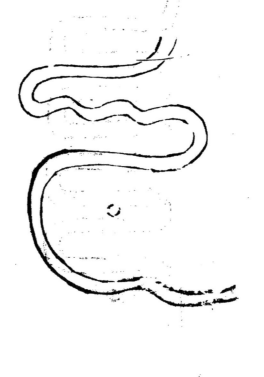

御街水格

御街城最異

辛神公卿地

然後帶奇星

使成天子氣

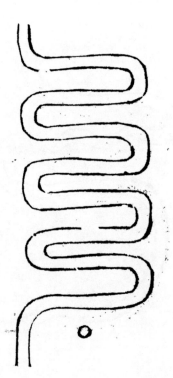

懊頭前面漸

爲官不用憂

此以水城遶抱

合格不重懊頭

御街水格

尖水亦如龍

分富又身榮

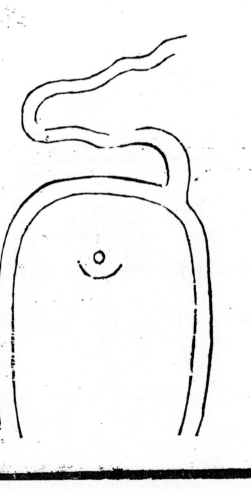

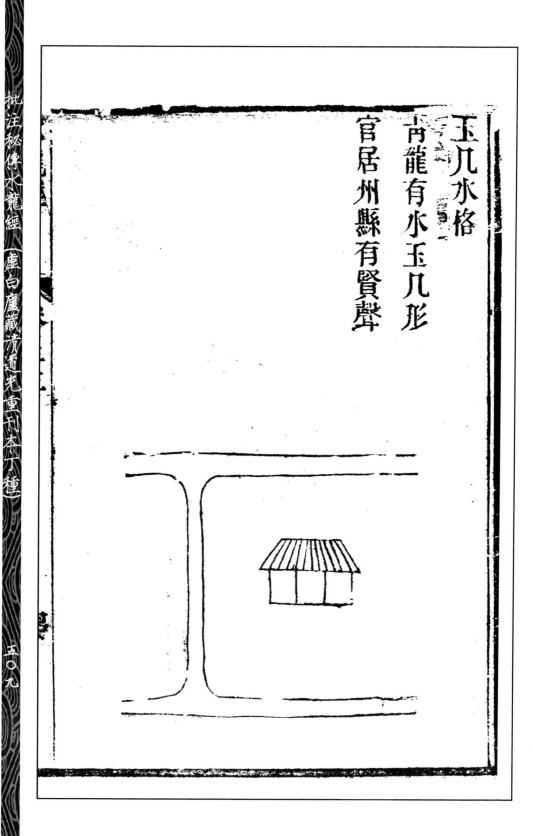

玉几水格

青龍有水玉几形

官居州縣有賢聲

覆鐘水格

水灣如覆鐘

家業自興隆

兒孫發甲第

聲名達九重

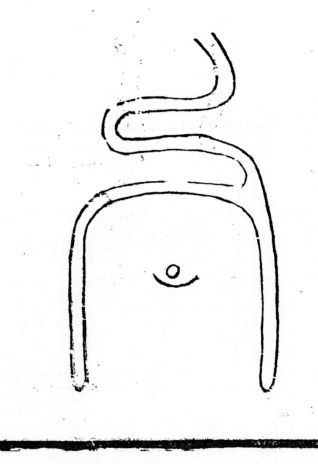

聚龍格

直龍四面來

又合又分開

氣散雖豪富

常生益世才

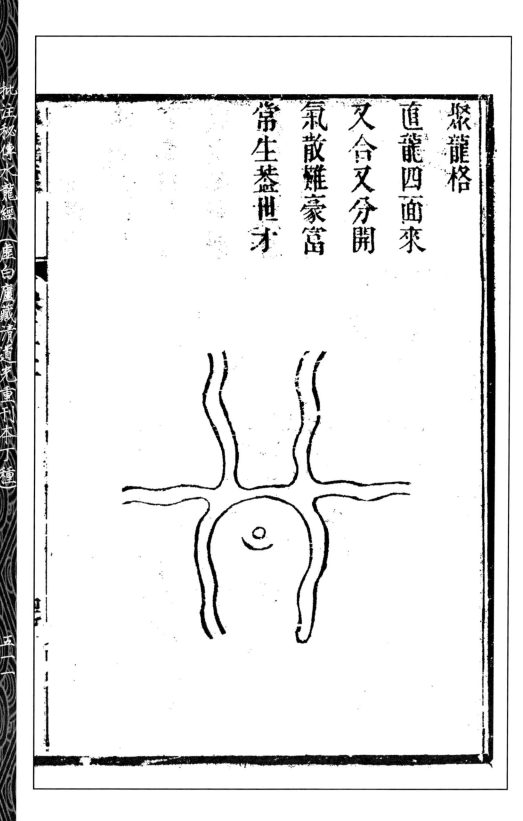

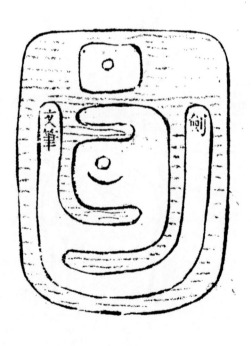

砂水合秀格

印浮水面笏横前

交筆森森劍氣寒

火下水城如遠抱

兒孫定許作高官

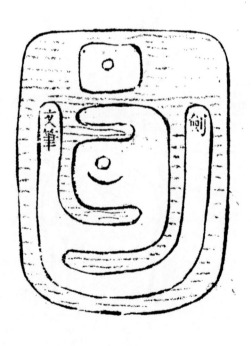

（劍）

（交筆）

山水連秀格

峯秀列雲端

無龍須看山

山水遙相映

兒孫熾且安

斜水侵山格

山龍之脈

亦忌水刼

縱能發福

不久敗乂

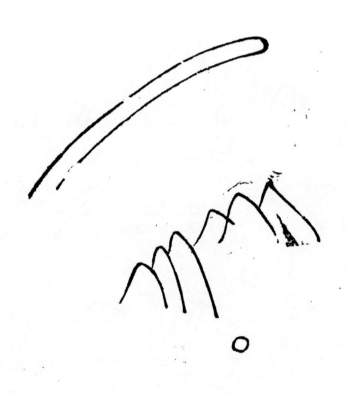

斜水中山出

劍水斜冲

死絕貧窮

池測格

小許巨浸眼中看

立穴休教太近前

不然位窄無餘氣

富貴妻兒也不全

墳前積水深

圓鑑足誇人

兒孫多俊秀

男女更雙清

大湖大池同

凡對大湖安墳立穴稍違則

爲大吉若小湖池不在此例

前後有湖池

墓宅兩相宜

池前須正對

池後莫斜欹

下法觀平正

傾斜脈無離

更相方圓勢

拌之百事宜

方印格

第方一鑑清
武地出官人

方印格

印

◡

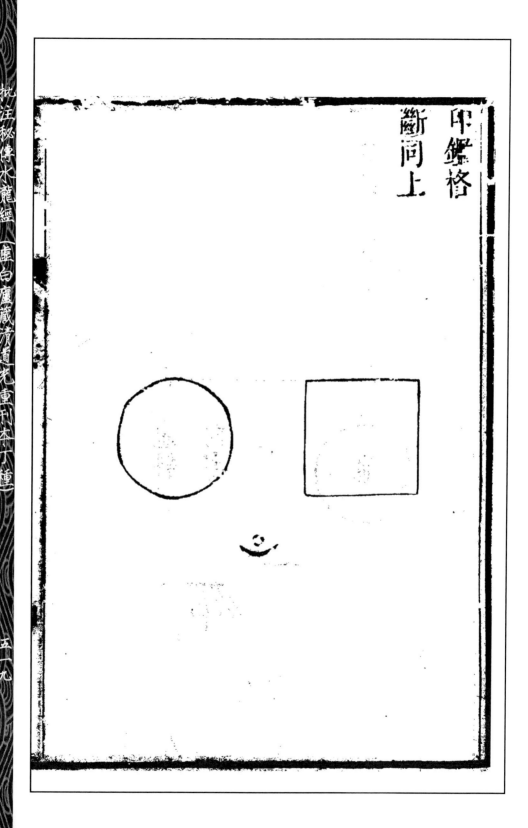

池湖凶格

灣池若坐偏

氣脈不周全

子孫多不孝

疯獄更相率

必隅方位同論

囟賫向

池斜
宅向
池

池

凡內外宅在池

來疡者皆主客

□凡澇池塘水

在冢後偏斜者

主子孫不孝餓

死

宅同

杵同上

穴斜
向池

池

橋梁格

當面橋冲

孤寡貧窮

死以疫病

宅墓皆凶

橋在衰敗之方

故以凶論如在

旺方反能發福

不嫌朱雀

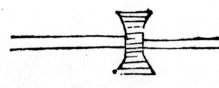

同上

圓龍有橋橫

鎖水自安甯

橋須細看方位

不得但看青龍

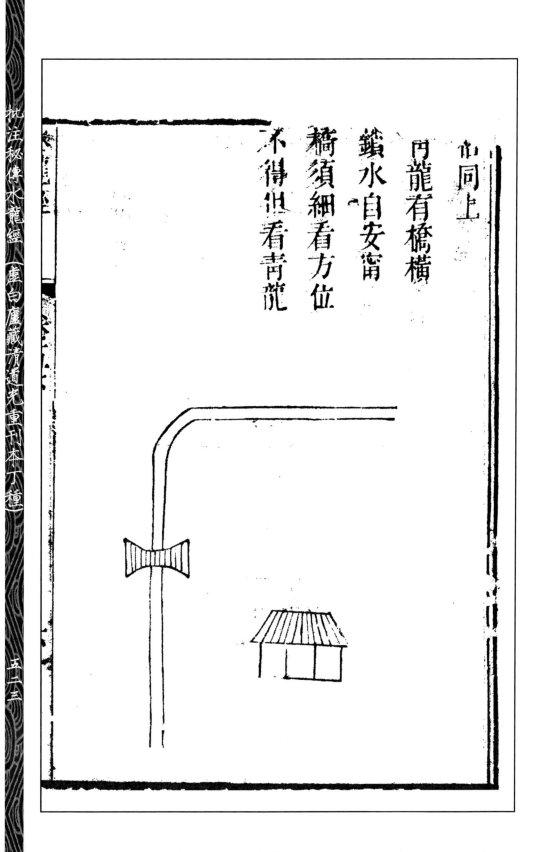

橋梁格

蔣大鴻曰此亦

在衰敗之方陽

宅以浮氣為重

故凶并以白虎

言也

　陰宅橋壓

陰宅有因

橋而破風水

者故了

水欲抱穴

直過水為凶

破壞氣脈匯

雖無富與貴

女居不覆宗

明堂橫水格

不韋不掣

不反不飛

內圓外直

此處可栖

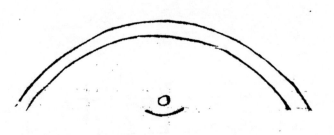

格同上

不斜不側

扦此亦吉

反跳水格

白虎源頭似反兜

繼育金銀鬼暗偷

墓同

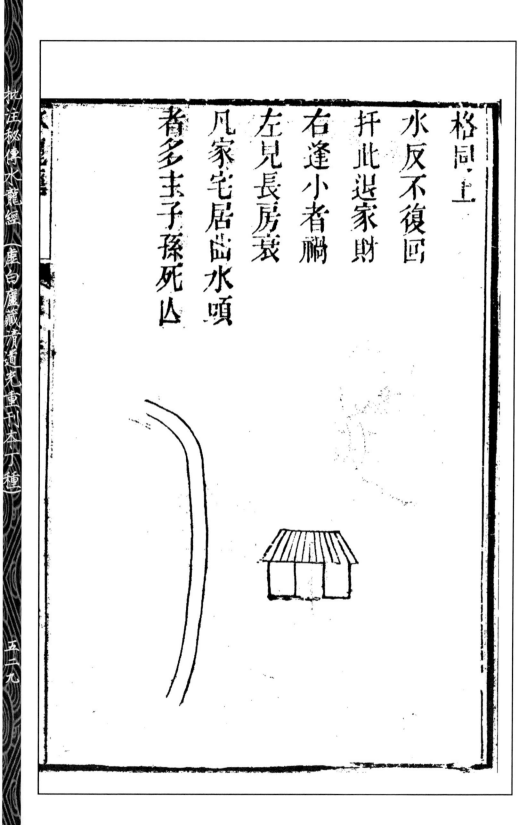

格同上

水反不復回

扦此退家財

右逢小者禍

左見長房衰

凡家宅居出水頭

者多主子孫死亡

家破叉人離

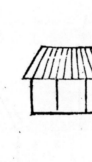

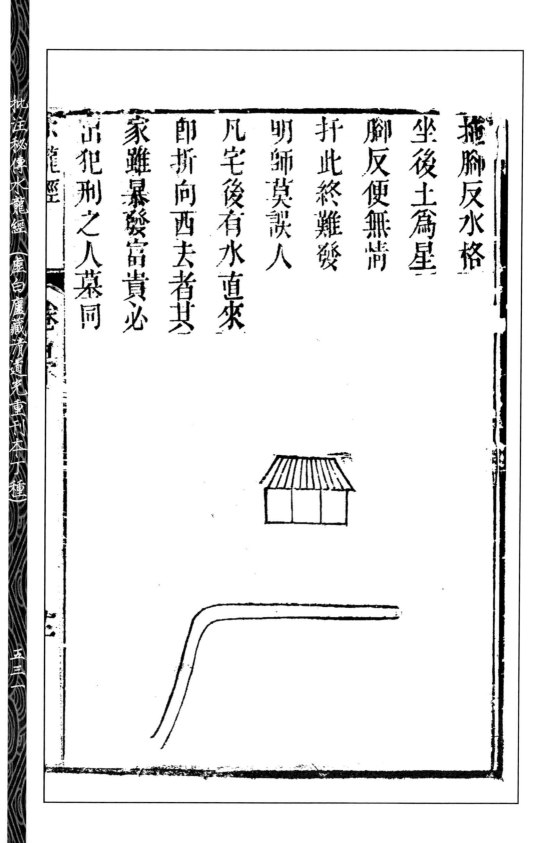

摡腳反水格

坐後土為星

腳反便無情

扦此終難發

明師莫誤人

凡宅後有水直來

卽折向西去者其

家雖暴發富貴必

凸犯刑之人墓同

水龍經

先抱後反格

先抱後反

一發便衰

反跳水格

反跳最爲凶

妄墳萬事空

生男少忠孝

生女柳花中

水繞過穴而反

跳一爻不直

宅同

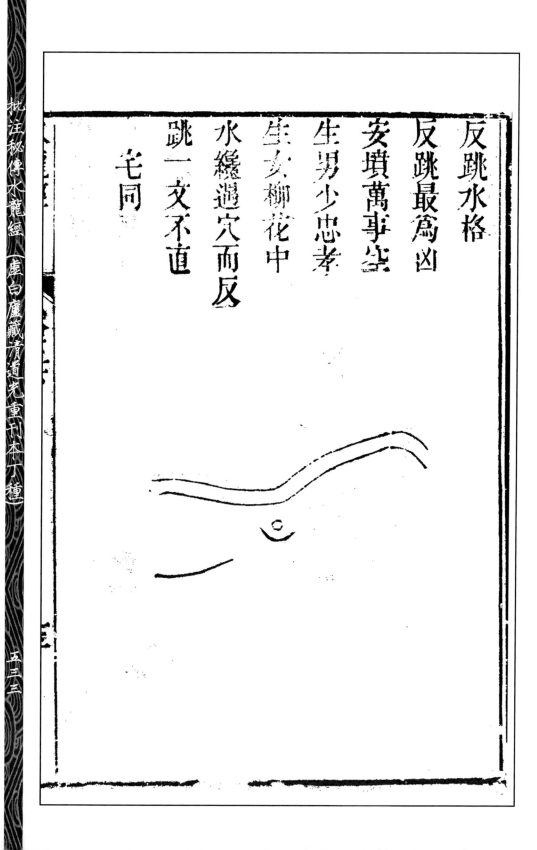

翻弓水格

水法似翻弓

扞之必有凶

出人多忤性

悖逆亂家風

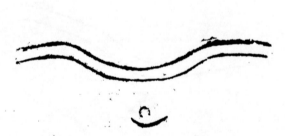

潔舌水格

水如捲舌形

退敗損人丁

是非多牽惹

常生瘖啞人

後雖遶抱而左手反

去所以吉中有凶

墓同

重反格

水反兩三重

其家定主凶

前有兩水流向冢邊出

主子孫不孝及殘疾

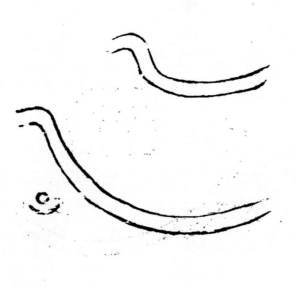

格同上

青龍白虎兩分張

家財退散客他鄉

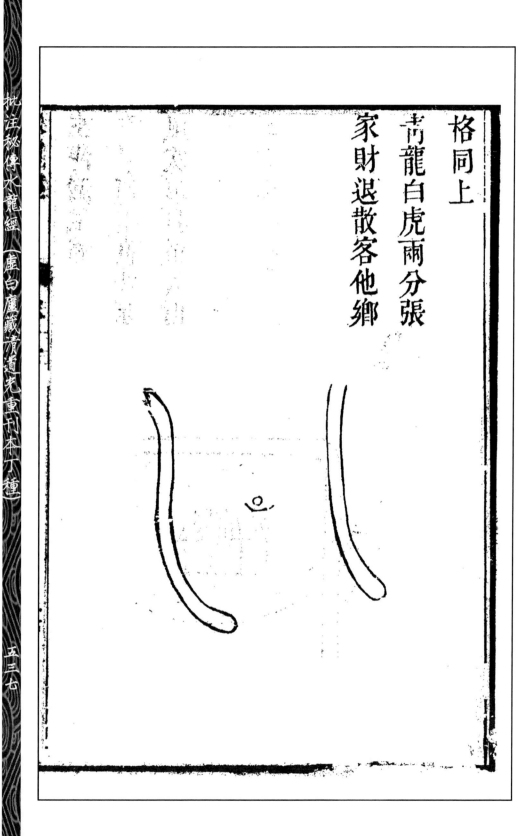

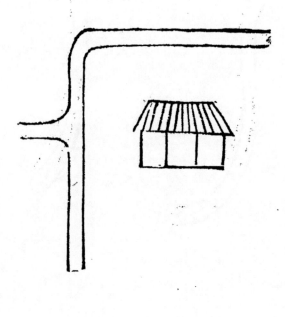

左沖漏氣格

左邊河水直沖來

風吹浪打散人財

右沖漏氣怜

斷同上

此皆金土城也爲左

右木星沖破便不吉

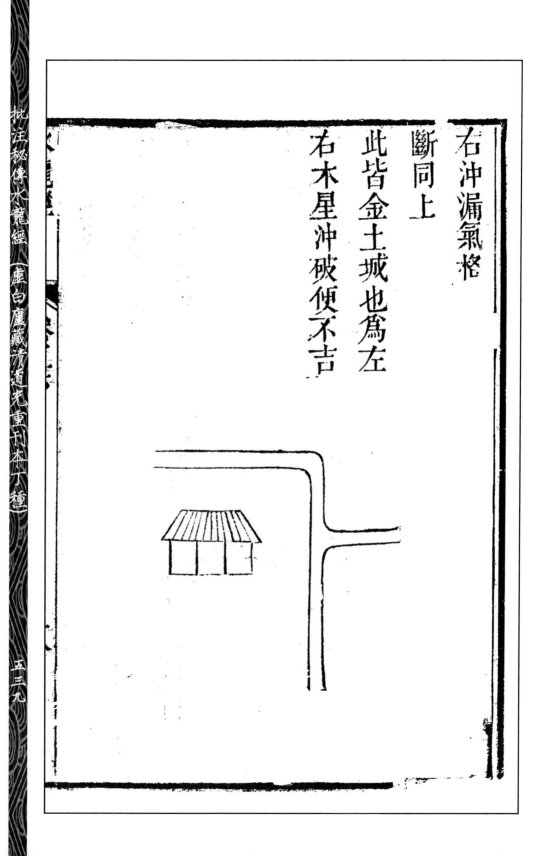

枝水漏氣格

直木有枝兜

旺時不用憂

若然加一抱

富貴自優游

宅前與後皆隄氣漏

墓同

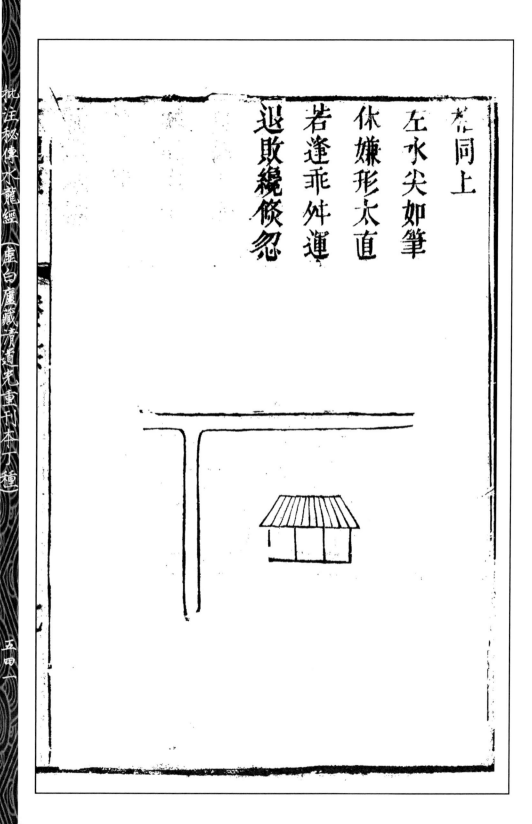

右仝同上

左水尖如筆

休嫌形太直

若逢乖舛運

退敗總倏忽

漏風水格

十字交流處處通

縱如織錦也成空

莫將大水為收口

浪打風吹無定踪

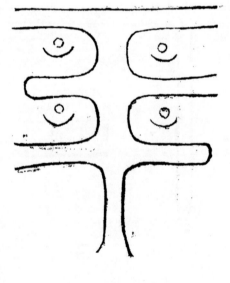

格同上

漏風吹冢邊

子姓少天年

更出夜行子

橋欄莫保全

交流水格

水口兩通風

後代受貧窮

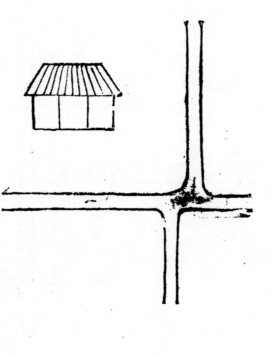

漏風格

乾風吹家

後嗣覆宗

巽風吹家

子孫患瘋

此亦以元運衰替言之

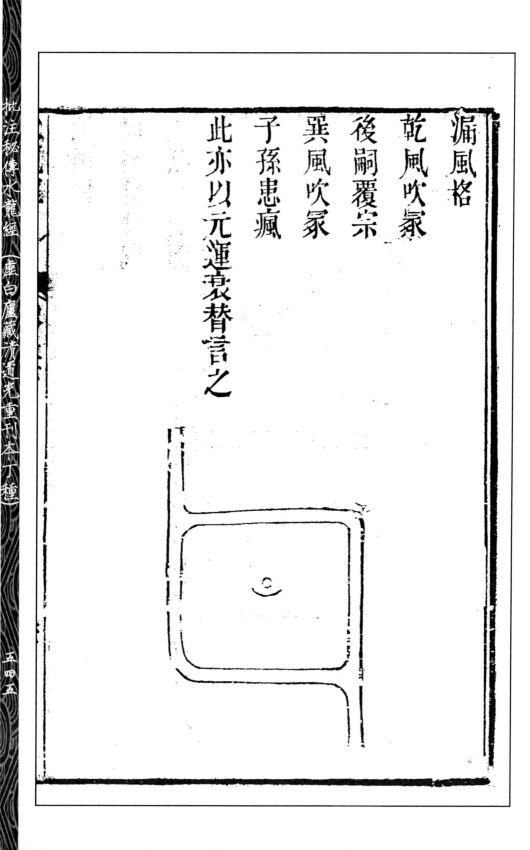

漏風格

風自乾坤起

兒孫主鼠離

交流水相

二水交流分向之八

那堪一去不回頭

水迴似抱是係交流

全然無氣不用探求

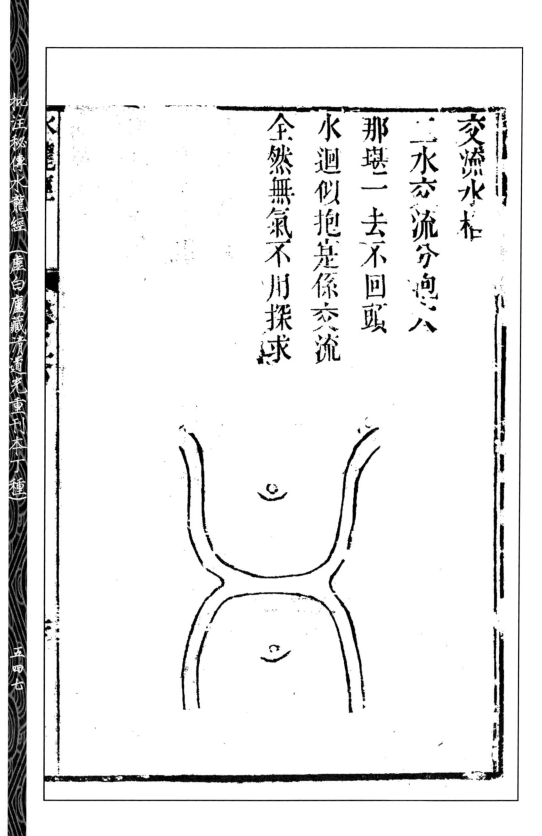

漏風水格

插界似難逢

無兜便漏風

眼看如織錦

葬後總成空

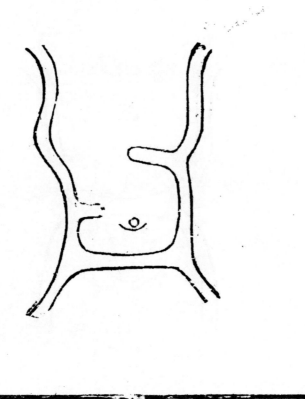

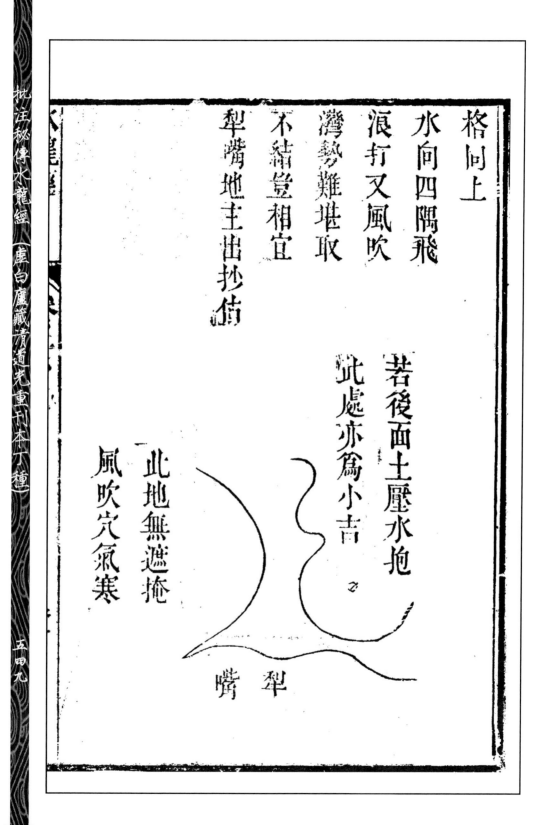

格回上

水向四隅飛

浪打又風吹

灣勢難堪取

不結豈相宜

犁嘴地主出抄估

若後面土壓水抱

此處亦為小吉 乙

此地無遮掩

風吹穴氣寒

嘴犁

四水格

四曲水停流

不久有災憂

心疼并腹痛

水蠱藥難投

運旺纏一發

運衰一旦休

兩邊稍可住

中處更堪愁

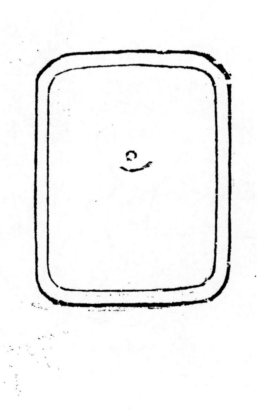

格同十二

一代發福

一代飄零

若不急徙

三代無人

十字水格

十字水前流

宜暫不宜久

家財漸漸消

疾病年年有

格同上

水城十字形

手藝宰屠人

縱使能溫飽

閤門賤且汪

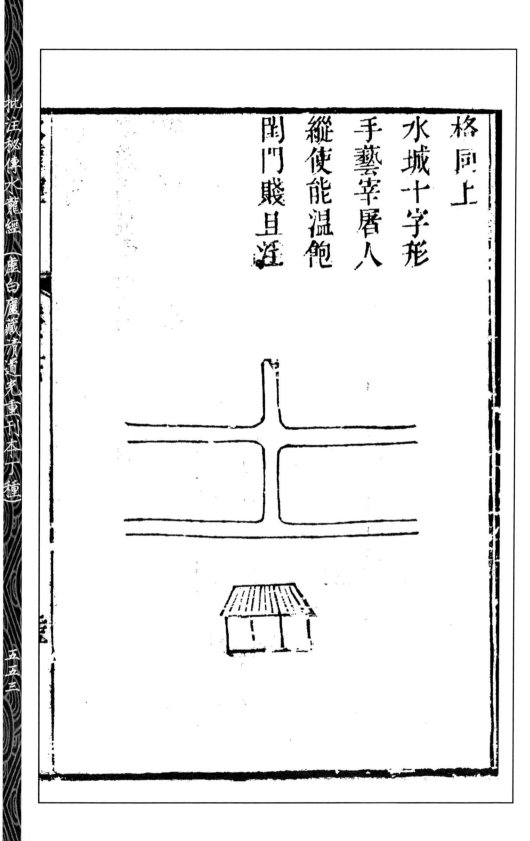

四面風衝鬼病磨

宅後青龍十字河

格同前

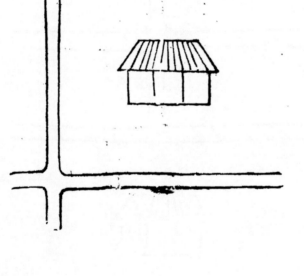

井字水格

十字之水總莫看

廿字井字總一般

若然市井猶堪住

禍曰一家不可安

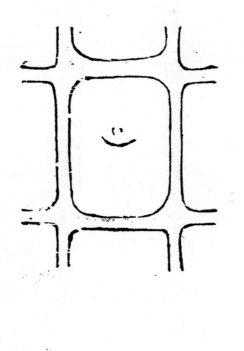

四水相朝格

四水入明堂
直射不相當
屈曲如回顧
千倉與萬箱

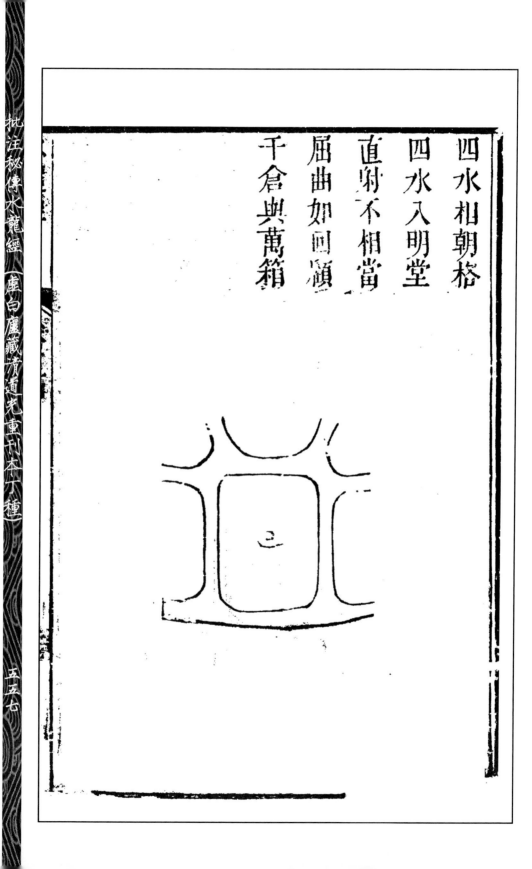

箭射格

箭水射當心

飛來大禍侵

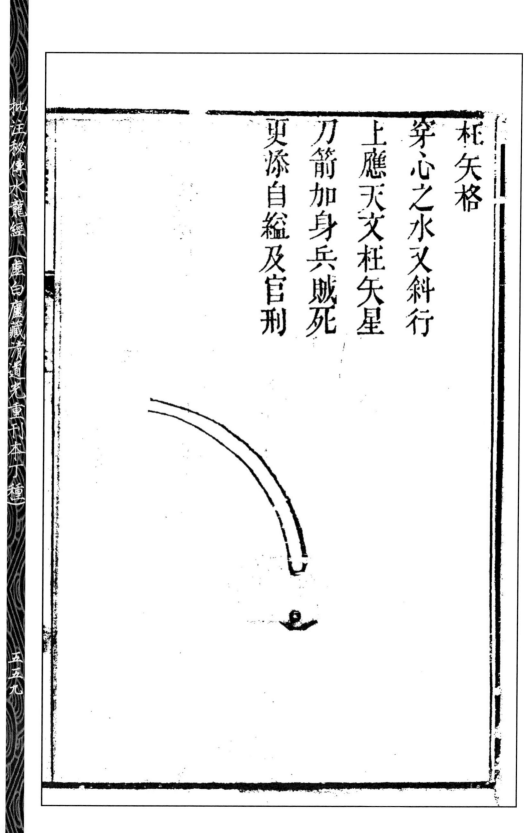

枉矢格

穿心之水又斜行

上應天文枉矢星

刀箭加身兵賊死

更添自縊及官刑

尖射水格

青龍槍射身

後代定遭刑

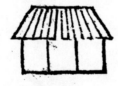

刀槍水絡

水勢似刀槍

殺人不可當

子孫多賊盜

駒驪上法湯

此地見凶殃
前水似尖槍
槍形水格

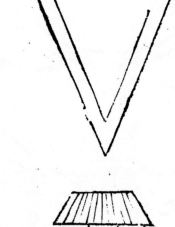

尖射格

同畔似刀來

扦此極堪哀

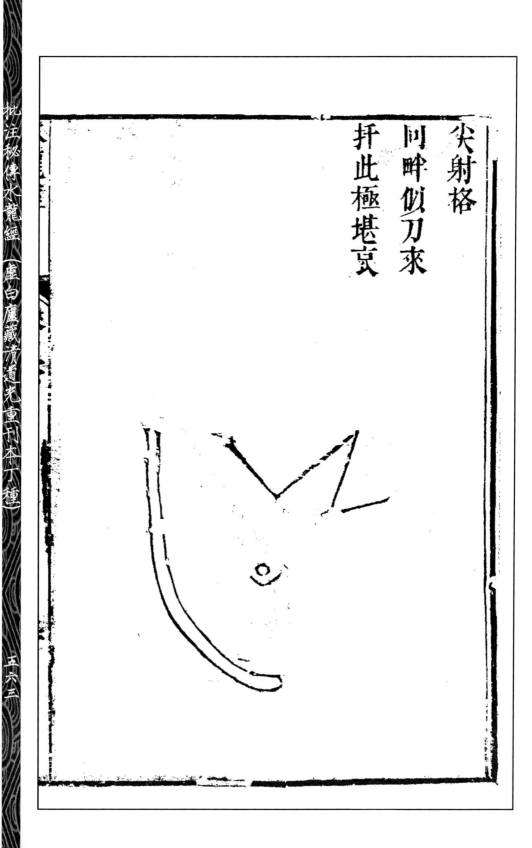

斫割水格

兩畔如所割

瀘火兼刑殺

家業頓飄零

人口亦死絕

所割者形如刀斬砲

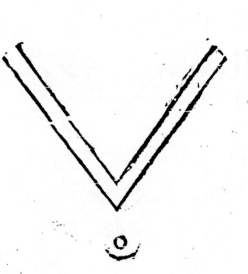

橫射斫割格

滔滔流水直沖來

形似彎彎莫取裁

縱是吉星兼合卦

相逢立刻見凶災

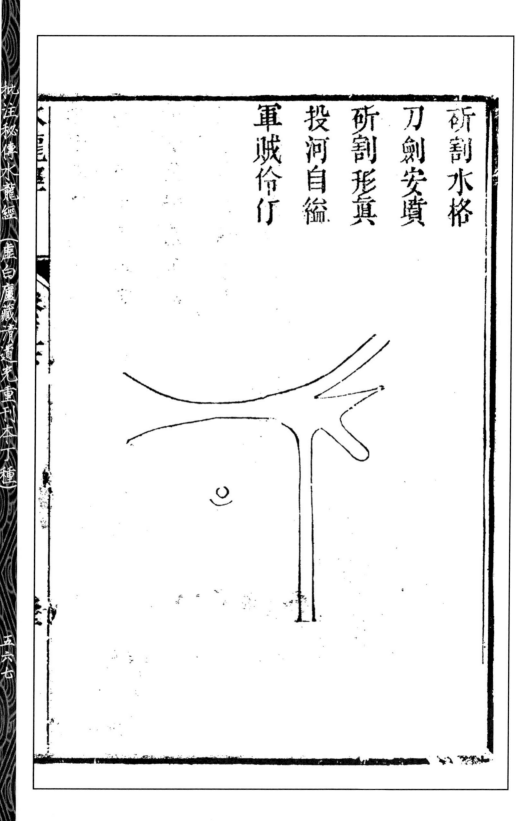

交劍格

交劍入明堂

横死少年郎

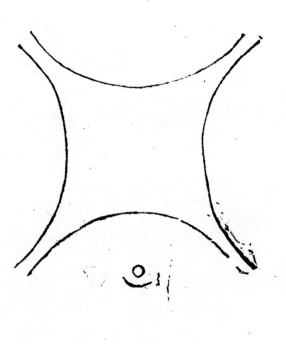

眾射水格

壺鬚交牙小管更深

凶聊惡煞日相侵

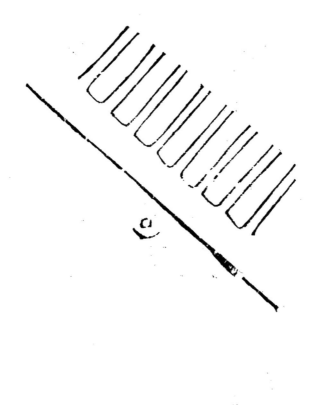

水破明堂格

水破明堂
家長難當
若不急徙
疾病危凶

明堂開口

此水入明堂

開張去直長

路路皆尖射

刑獄并瘟瘣

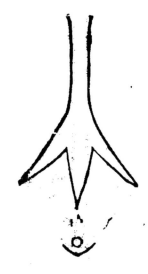

去水流泥格

流泥之穴主離鄉

只爲質前去直長

說與明師高著眼

不須憑此誤賢良

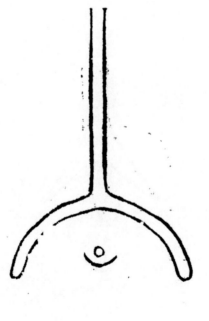

土牛回抱格

回前水直去

此吉終不濟

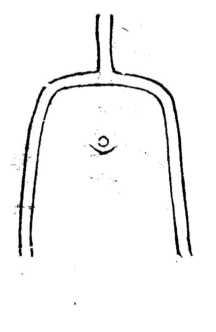

去水流泥格

縱有外邊繞抱

亦干退敗離鄉

即牽動土牛格

之元水格

明堂曲水似之元

土牛不動穴堪扦

葬後其家發大扁

兒孫富貴出天然

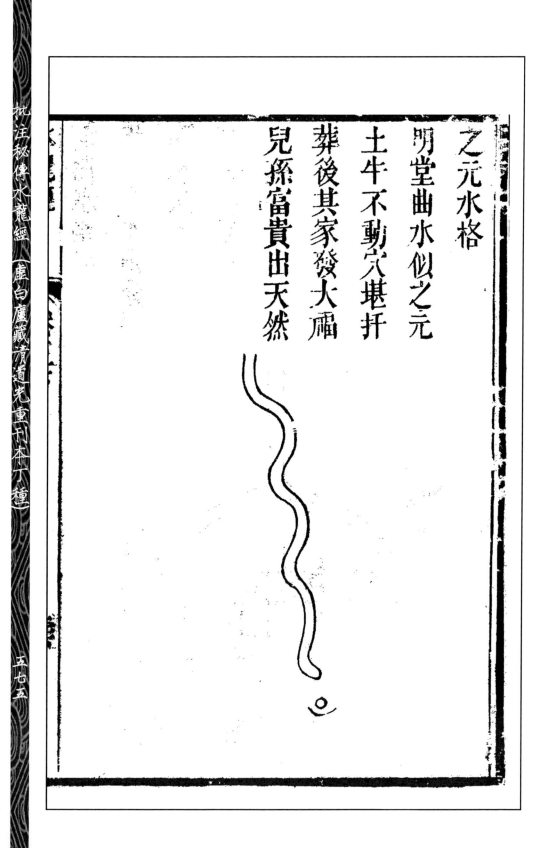

朱雀之水兩分開

病患災殃日日來

主傷宅長

墓同

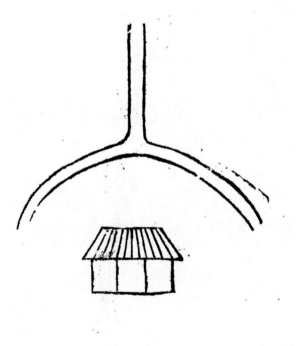

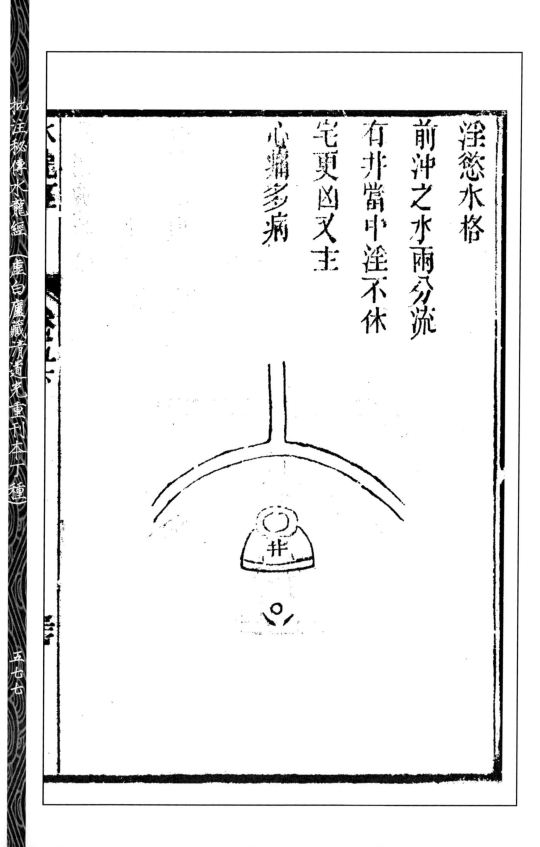

淫慾水格

前沖之水兩分流

有井當中溚不休

宅夏凶又主

心痛多病

朱雀破頭格

人口不甯

財源虛損

墓同

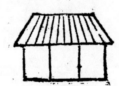

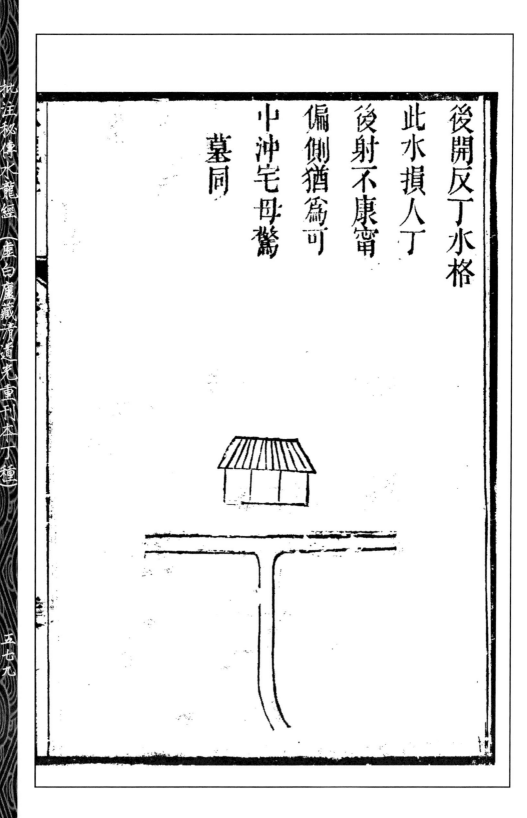

後開反丁水格

此水損人丁

後射不康寧

偏側猶爲可

中沖宅母驚

墓同

元武吐舌格

元武後沖來

宅母死堪哀

小口多刑剋

官非日非財

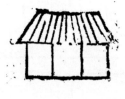

後開水格

此水亦傷宅

毋或以吉斷

者大誤人也

青龍吞象格

青龍水沖激

後代無官職

疾病人頻死

拳攣兼跛蹇

宅同

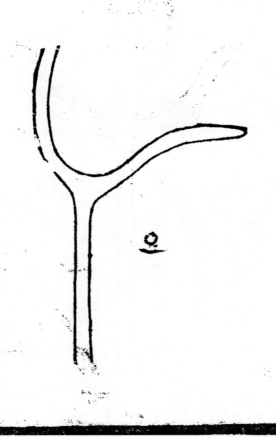

枪同上

一水直沖來

尖砂兩劈開

格原名鬥水

宅墓有凶災

又主子孫戰鬥而死

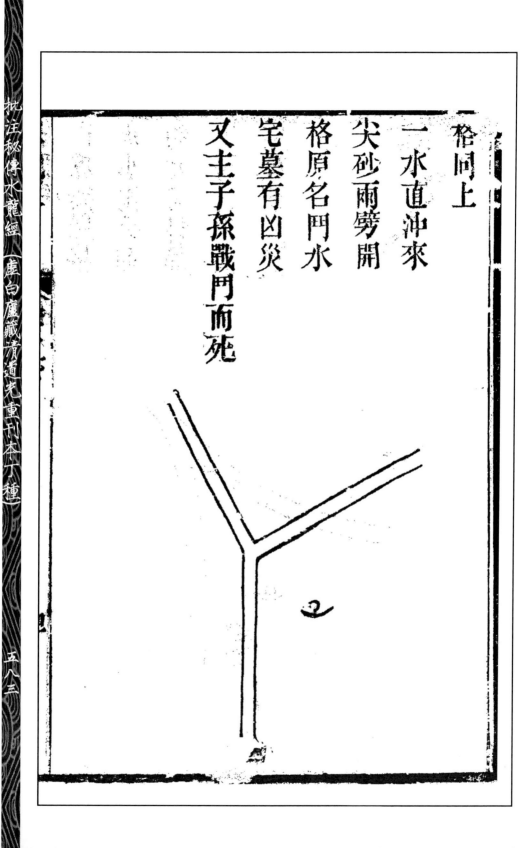

白虎銜屍格

虎水兩分開

幼女定傷胎

小房田沒散

宅墓總為災

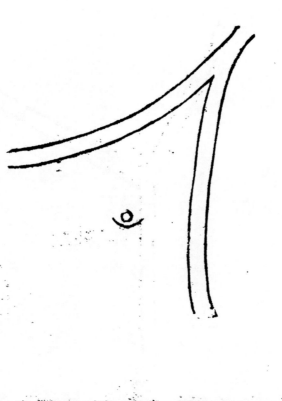

交加水射兩無情
其家抄怗没人丁

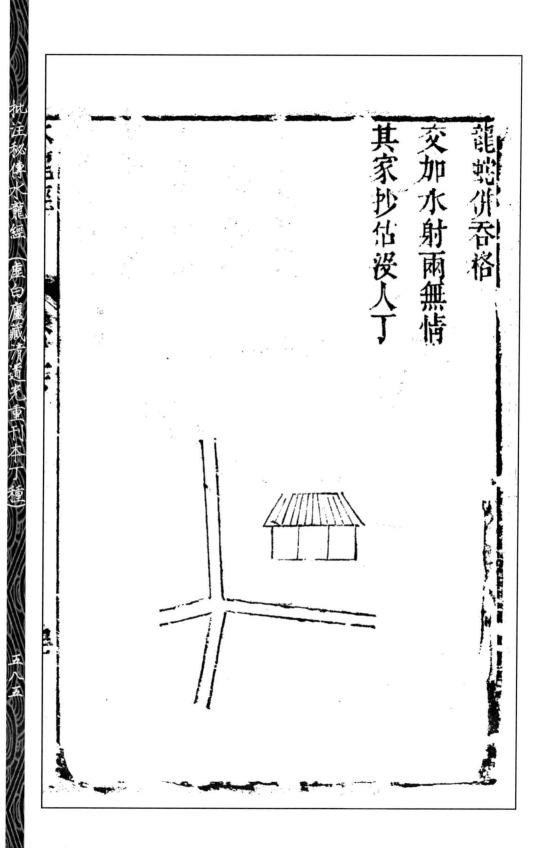

斜叉水格

叉水當門宅

此地多瘟疾

退敗世無家

他鄉死羔骨

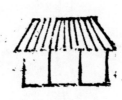

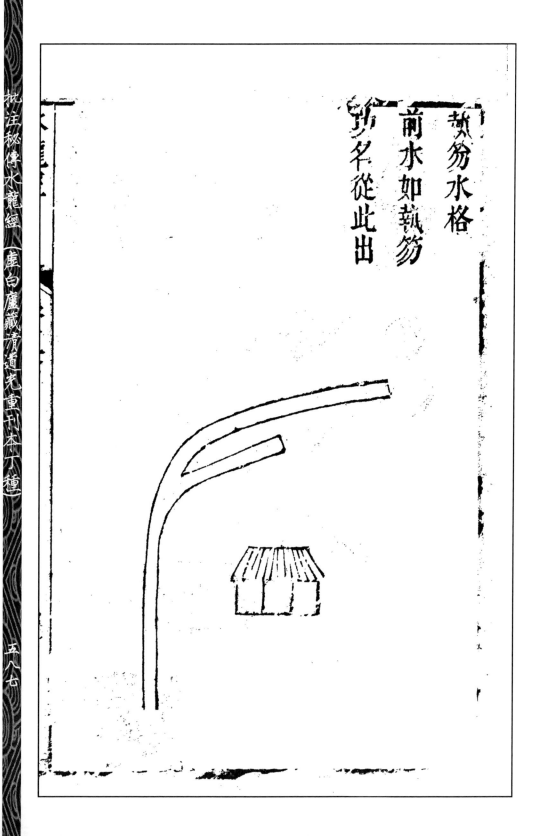

勢殳水格
前水如執笏
弥名從此出

按劍水格

一兜如按劍

武職兼巡檢

蔣大鴻曰小水

圓者吉尖者凶

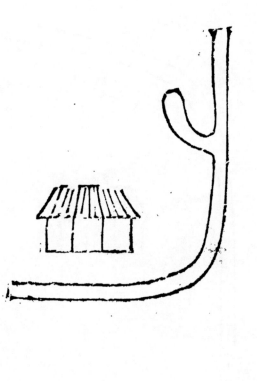

刀槍水格

右水似刀槍

兒孫受殺傷

破碎水格

破缺見火星

宅墓有憂驚

龍脈雖然好

亦主禍來侵

蔣大鴻曰此

宅火星為害

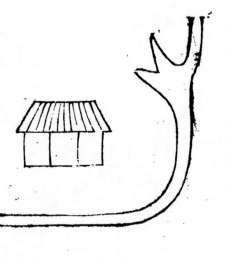

破碎水格

遠抱終何補

此郎金鵞筯

家內常災禍

河岸多崩破

格同上

白虎岸奇缺

官訟無休歇

蜘蛛水格

此地不寬廓

形勢氣自促

世出師巫尼

傷小又跛足

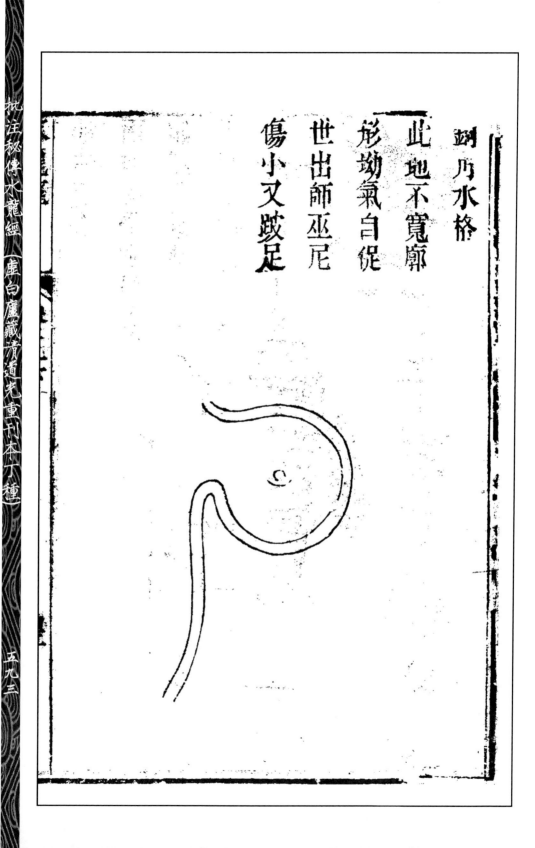

抄估龍格

兩頭尖小中間大

如蛇吞鼠急難下

馬腿牛蹄總一般

出人抄估家生怪

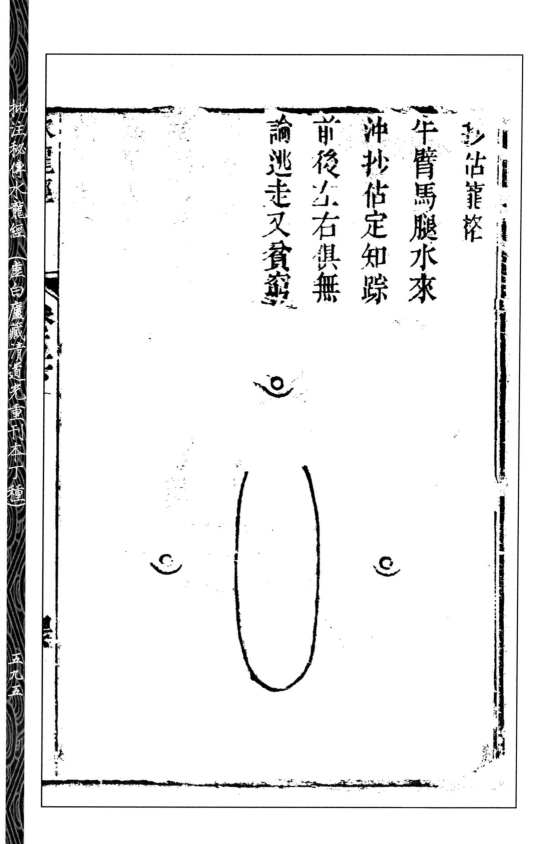

抄砧羆樁

午臂馬腿水來

沖抄佔定知踪

前後左右俱無

論逃走又貧窮

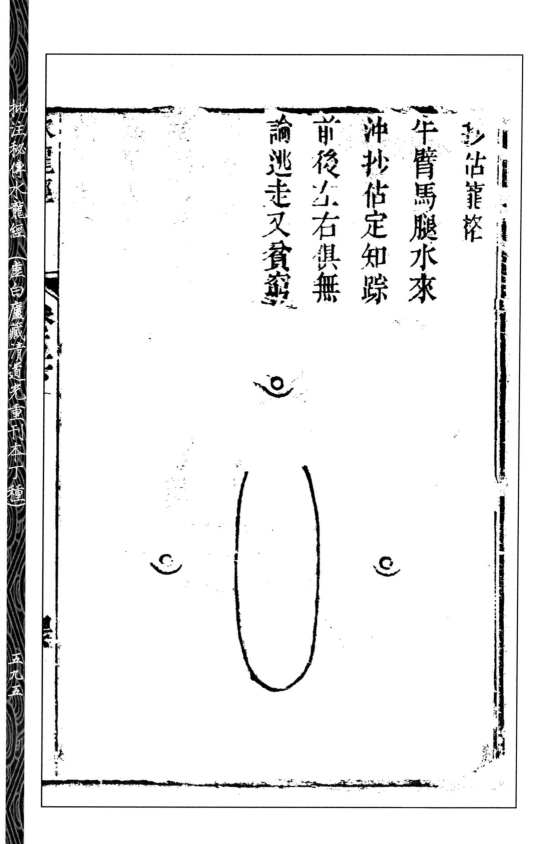

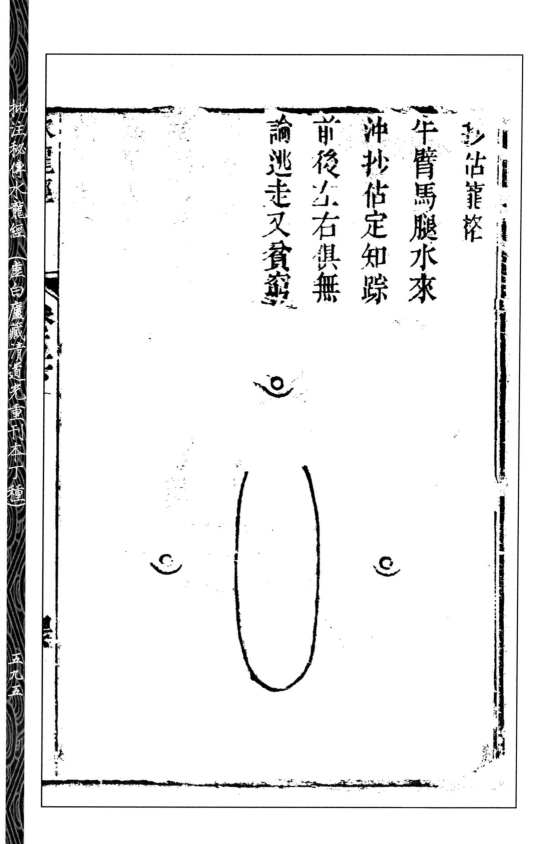

格同上
此格總非宜
客死與生離

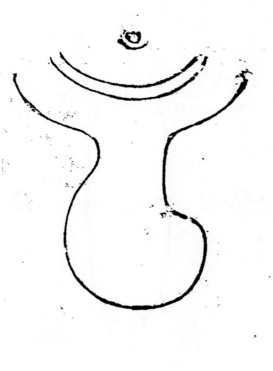

交水格

叉若有了叉

處定無吉地

凶

葫蘆形格

曰虎河中帶土墩

明是葫蘆毒藥形

尖角分飛格

斜角分飛地

主貧窮徒配

犁頭地

三角地

掃帚地

任慾地格

必似掀裙并鴨頭

多見媳婦上秦樓

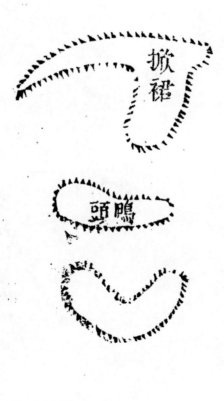

掀裙

頭鴨

分背水格

水背之水兩分流

財散丁稀門戶休

凡岡坑之水停滯

不流者亦大不祥

格同上

小形四散

婦女難產

家業飄飄

發冊必斬

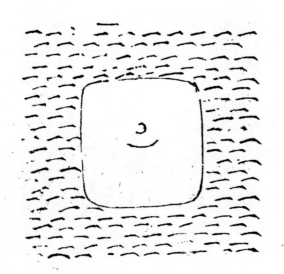

沮洳水格

沮洳之水又乾又濕

積垢主苔泥淨濫漫

如蝦蟆背如牛鼻汗

非水非陸汗之生息

子孫瘋狂形神不荏

水蠱腫脚惡疾羸尩

亂水格

水如敗絮

亦似亂麻

禍殃立至

狂亂淫邪

水龍經卷五下終

水龍經

蔣大鴻氏著水龍經、形家竊秘之、而所傳多偽託吾
友澹泉張君遂於地學嘗得程迂亭先生校定真本、
手抄而弃之余不事此囬未遑求覽也丙寅秋抄館
于虞山見照曠閣主人刊書二千卷次第告成更欲
頁水龍經真本介余丐于澹泉余固知嘉惠後學之
心二張君同此爲作之合披閱之下斸然爽然真贋
判然自此被其澤者廣矣登惟蔣氏之書晦而必彰
哉至此書之源委本末則迂亭先生序中詳之矣兹
不復贅娄東印溪氏曹璞跋、

夔東家澹泉藏有雲間蔣大鴻水龍經為鶴市程逶

亭校定本與堪輿家秘鈔之本迥別其言榦枝鉗局

與山龍無異詞義明達非術家所能實與楊賴微旨

相發明知傳抄之偽本可嘆也序中言以水龍為體

更以九宮三元易卦乘氣為用是其學無所不通不

專一家之說神而明之知水龍之形體而理氣之妙

亦寓乎其中洵可寶已世徒知地理辨正全變理氣

諸說以大鴻不談理氣是未深類大鴻之學者也举

  張海鵬識